指導者として成功するための十三の条件

人を育てる行動の指針

梁谷和巳

まえがき

今こそ伝統的指導者のあり方に

どんなに情報伝達のスピードが速くなろうと、人工知能が人の能力を越える域に達しようと、あるいは働き方改革やウイルス禍で行動のし方や生活様式が変わろうと、人が物を食べては排泄する生き物であることは変わらない。生まれてからずっと人の手で育てられなければ一人前の大人になれないことに変わりはない。

会社の社長や役職者あるいは学校の教師、家庭の親などの指導者は祖先から受け継いだものを子孫に繋いでいく使命を果たす。この原則は不変である。

伝統的指導者論を「古い」「時代遅れだ」と言う人がいるが、「ではあなたの新しい指導者論を教えてください」と聞くと何も答えられない。

この人は経験と試行錯誤の末に打ち立てられた指導者のあり方を否定するだけで、「こうすれば人は育つ」という新理論は持ち合わせていない。

この人は白い箱の中でずっとひとりで生きられるという幻想を抱いている。自分ひとりの自由と幸福しか考えない。

後生《こうせい》を育てるという面倒は避けたい。

指導者としての責任を果たすのがつらいので、背を向けて逃げている。

こうした人にこそ一度先人が遺した「指導者のあり方」と正面から向き合ってほしいと願っている。

指導者はかくあるべし、また言う、何度でも言う。聞かなくても解っているというならそれでよし。大事なのは「育てる」という〝使命〟が背骨にしっかり入っているかどうかである。それを行動に現し、成果を上げているかどうかである。指導者であるあなたが部下から「私はあなたに育てられました。ありがとうございます」と心から感謝される存在になれるかどうかである。

染谷和巳

目次　指導者として成功するための十三の条件

四章　少子高齢化時代を乗り切る

五章　共に悩み共に喜ぶ〝同士〟を求める

八章　会社は人を育てる唯一の場

一章　仁に過ぎれば

新社長は社員にやさしかった

地方の食品会社。社員百三十人の中堅企業。醸造商品のブランドは名が通っている。五代目のY社長は六十歳の時に頭の病気が見つかり「もしかするともうだめかもしれない」と思い、十年後にバトンタッチを予定していた息子を社長にした。息子はまだ三十三歳で役職は総務課長であった。

息子は修業のため学校を出て三年間大阪の食品問屋で修業した。

よく友人に問屋での修業時代を話す。耐え切ったことを誇るのが半分、残りは時代遅れの〝しごき〟の批判。

一日の労働時間が長い。休みは日曜祭日のみ。機械があるはずなのに重い商品を持ち運ばせる。泣き言を言うと上司は「俺はその二倍いっぺんに運んだ」と労りの言葉もない。無理偏にゲンコツを地で行く男。逆らえば本当にゲンコツが飛んでくる。疲れて潮垂れていると罵倒される。昔の軍隊がこうだったんだろうと思う。今、三十代で腰痛に苦しんでいるのはあの時の荷物運びのせいだとこぼしている。

同じ修業社員の中には数ヵ月で辞める者が少なくない。その中で契約の三年間を自分はやり遂げた。何事にも挑戦して食らいついたら離さない〝根性〟が身についた。その点あの会社、あの上司には感謝していると息子は言う。

この経験から息子の六代目新社長は社員にやさしい人になった。上から目線の高圧的態度をとったことがない。社員に対する言葉遣いは丁寧で、つねに自分と社員は対等、平等であることを口で言い行動で示した。

有名な教育評論家がこう言っている。

「今もなお『言うことを聞かない社員は辞めさせればいい』と公言する社長がいます。こうした社員蔑視の発言は社員の意欲を削ぎ、会社の衰退につながります」

こう続ける。

「一方的な押しつけはいけません。管理社会は人の自由を奪います。個性豊かな人は育ちません。社員のいいところを伸ばしていく姿勢が大切です。教育、エデュケーションとは引き出すことです」

新社長はこの評論家を顧問として迎えた。

評論家を顧問に迎えたのは、単に社員研修の講師としてだけでなく、自分のやさしい心を理論武装する意味もあった。

三十三歳の課長がいきなり社長になった。社員は「何もできないだろう」と思っていた。ところが社長は新しい方針を次々打ち出した。

会社は労働時間の長いブラック企業としても有名だった。全社員が始業一時間前に出社する。二時間前、三時間前出社の社員もいた。夜は七時八時は当たり前、十時十一時まで仕事をしている人もいる。研究開発や製造部員だけでなく営業部員も夜遅くまで残っていた。

この会社を全国区の醸造食品メーカーにしたのは五代目社長、現会長である。町工場の頃から会長は一番出社、一番遅くまで仕事をすることを貫いてきたので、長時間労働が〝社風〟になっていた。

新社長はまず新鋭機械の導入で製造部の労働時間を短縮。つぎにパソコンの電源を切って朝八時半から夜五時半までしか使用できなくした。大半がパソコンに向かって仕事をしていたが、それができなくなった。最後に始業八時半の三十分前以前の出社を禁じ、夜六時以降の在社を禁ずる告示をした。

以前は始業一時間前出社の社員が多かったが今は全員始業ギリギリ出社。遅刻が増え、仕事のとっかかりが遅くなった。終業時間三十分を過ぎると会社には誰もいなくなった。

初め、仕事に没頭すると徹夜も辞さない研究開発部員が反発した。しかし社会には

〝働き方改革〟の風が吹いており、こうした仕事人間も会社の方針に徐々に従っていった。

終業時間が過ぎても仕事をしている社員がいると社長は直属上司を飛び越して「早く帰りなさい、後は明日すればいいですから」と促した。

会長は人の好き嫌いが激しかった。高成績を上げる社員、労を惜しまずに働く社員が好きで、その反対の社員を嫌った。そのスキキライは昇級賞与などに露骨に反映された。課長になり給与賞与を同期でまだ平社員の三倍もらっている人がいる。年齢や在社年数よりも能力実績、忠誠心を重視したので、三十代の部長や女性の課長が何人もいた。

新社長は格差縮小と平均化に取り組んだ。それは賞与の査定にすぐに実行された。たとえば前社長の時はトップの営業マンは三百万円、平均以下の人は五十万円だった。それを六代目はトップ百五十万円、平均以下を百万円にした。社長は言う。

「社員みんなが気持ちよく働ける会社にする。強い人が大きい顔をして弱い人が萎縮して暗い顔をしている。成績があまりよくない社員を冷遇すれば非人間的なとげとげしい会社になる。今までこうした傾向があったと思う。下のほうの人を優遇すれば、会社の期待にこえようと努力もするし真剣にもなる。全体の成績は前より上がります。

見ていてください」

病が癒えて元気になった会長は社長の言を苦々しい顔で聞いた。

社長は自己啓発の厳しい外部研修を中止した。会長がその研修の考え方やり方を気に入って二十年近く前から社員を派遣していた。管理者から新入社員までほぼ全員が研修を受け、中級、上級にも出している。社長も入社してすぐこの研修を受けさせられた。

号令と命令調の強制が肌に合わなかった。試験で追い込んで合格すると感激し、仲間と喜び合うオーバーなやり方も気に入らない。確かに読んだり書いたりは自己啓発になったが、朝六時から夜九時までの合宿などしなくても自己啓発はできると思った。

この研修の中止に会長はなぜか文句を言わなかった……。

部下に報告書の誤字脱字を注意するなど、こまかいことをいちいち言う課長がいた。社長は「みんな一人前の大人なんだから自分で気づいて自分で直します。部下の心を傷つけないようにもっと人格を尊重してください」と諭した。

社長は社員の不満を聞き、要望を聞き、提案を採用する。社員の意見を参考にして社長が決めるのではなく、社員の意見をそっくり受け入れて社長が従う。

小学校の先生は「一時五分前に席に着いて授業の準備をしてください」とは言わな

い。「みなさん、昼休み、五分前に席に着いて授業の準備をしてほしいんですがどうですか」と聞く。生徒は「ええっ」「一時まで休み時間でしょ」「どうして五分前？」とてんでに勝手なことを言う。先生は「賛成の人？」誰も手を挙げない。「反対の人？」みな手を挙げる。「ではこの案はもう少し考えましょう」と引っ込める。

先生と生徒は平等。多数決だから生徒が勝つ。学校の方針や運営の仕方まで未熟な子供が決めている。先生は尊敬されず、恐がられず、お友達になっている。

これと同じことをこの食品会社の社長は行った。

社長は強制的一方的に社員に命令しないので、「言うことを聞かない社員」はいない。だから辞めさせる社員はいない。顧問の教育評論家の主張に合致している。顧問は自説どおりに行う社長を見て相好《そうごう》をくずしている……。

社長はうるさい課長を飛ばした

この食品会社の新社長の活躍を見ていた会計事務所の所長が言う。

「三十過ぎの人は命令報告や権限、叱る、ほめるの意識や上司と部下の関係など組織のルールが理解できる。こうした話をするとうなずいてくれる。それが三十前の社員だと全く話が通じない。『それがどうした』と聞く耳持たない。これから会社は大変だと思う」

かつて若者を新人類、宇宙人と言ったが所長は「異星人」と表現し、この会社で最近あった出来事を話した。

ある時入社三年前後の営業マン五人が揃って社長室を訪れた。直訴である。「白井課長の下ではやっていけない。みな精神的にまいっている。全員辞めたい」と言う。上司の課長を替えてくれないならば、ということである。

前に社長が「部下の心を傷つけないようにもっと人格を尊重してください」と諭した課長である。

社長は営業マンの気持ちが理解できた。

白井課長は高卒の叩きあげで四十五歳。会長のお気に入りである。白井課長は細かくてうるさい。報告書の出し忘れ、誤字脱字や記入ミスをいちいち指摘する。出張旅費の計算の説明を求める。電話のかけ方、声の大きさ、挨拶の姿勢、言葉遣いの乱れを見逃さずに注意する。それもやさしくソフトに言うならいいが、ズケズケ決めつけ、時には大声で怒鳴りつける。

朝から晩まで連日で仕事にならない。柳に風と聞き流しにかかると「その態度は何だ！」と迫ってくる。やっていられないという。

白井課長が社長にこぼしたことがある。

「注意されたら直すでしょう。私は何度も注意します。それでも同じミスを何度も繰り返す。私の指導をハナからばかにしている。聞いていない。だから叱る。大きい声で怒鳴ります。それでも改めない。のれんに腕押し、ぬかに釘です」

社長は課長が任務に忠実で一生懸命なのは解るが、若い部下を育てるには認めるほめるを中心にしたほうがいいのではないかと思っていた。家庭でも学校でも自由でのびのびやってきた人が、頭ごなしに「ああだこうだ」とやられれば息が詰まる。もう少しゆとりを持っておだやかに接したほうがいいのにと思った。

しかし社長は思っただけで課長に自分の考えを言わなかった。これを言えば課長は目をつり上げて「甘ったれの部下にもっと甘くしろと言うんですか！　仕事しないで遊んでいていいよというのと同じじゃないですか」と噛みついてくるのが見えているからである。

営業部員はスーパーなど販売店回りのルートセールスで、個人目標がない仕事である。営業部は白井課長が統括している。部員は二十人前後。毎年新卒を二、三人配属する。毎年二、三人、半年一年で辞めていく。白井課長がイヤで辞めていく。

社長は前から問題だと思っていた。五人の営業マンに「考えておく」と言って引き下がらせた。

社長は先代から仕えている専務に相談した。専務は「課長は厳しいですからね。営業はいいのが随分辞めています。この五人は仕事ができるほうです。ごっそり抜けたら穴が開いてしまいます。ここは思い切って課長を配置換えしてはどうでしょう」と助言した。

九州営業所を新設したばかりだった。営業マン一人と事務員一人。これから九州の顧客の開拓に力を入れる予定だった。白井課長を部長待遇で営業所長に任命した。課長は単身赴任で福岡へ行った。

当面本社営業部は専務が直接見ることになった。

数ヵ月すると営業の雰囲気が以前よりさらにだらけてきた。出先からのメール報告が少なくなった。部内は仲間言葉とタメ口が横行し中学校の教室のように騒がしかった。

社長と専務はこうした営業マンを見ても指導しない。若い社員に嫌われたくないという、ただそれだけのために黙ってニヤニヤ笑っている……。

伝統ある商品の質は維持されているが、周辺のこまかいこと、伝票の不備、在庫量の不正確、商品の紛失、配送の遅れが目立ってきた。

整理整頓が行き届かず、社員は物を探すのに時間を費やしている。「伝えました」「聞いていません」といった連絡や伝達の齟齬が頻繁になった。

やがて納期遅れや納品数量の間違いが増え、営業マンは客から怒鳴られた。責任者の専務が電話口で謝る。「お前んとこの社員は謝り方も知らない。ちゃんと教育しろ」と叱られた。ここ三年倍倍に伸びてきた新製品の売上げの伸びが止まった。それに対して専務も営業マンも危機感を覚えることなく、何事もないかのように何も改めずに仕事を続けている。

社長は社員よりも幹部を信頼する

会計事務所の所長が言う。

「課長がいなくなってから、連中は本当に社内で自由でのびのび、こわいものなしに振舞っている。上司の専務がそばにいても遠慮することなく遊びの話をしている。専務は部下の話に相槌を打って笑っている。阿《おもね》っているとしか思えない。部下を注意し叱って指導する上司がいなくなり、部下に迎合するやさしい上司ばかりになった。先代は私の意見をよく聞いてくれましたが今の社長は私を書類作りの事務屋としか見てくれなくて……諫める気にもなりません」

座っていれば目の前に食物が運ばれてくる生活に慣れた人が、自分で稼ぐ立場になったなら、意識と行動の大変革が求められる。

仕事をして人から認められ、応分の報酬を得る〝努力〟をしなければならない。会社に勤めるとはこの努力を強いられるということである。ここが解っていないのが五人の営業マンである。

家で親に食わせてもらいながら親に挨拶もお辞儀もしたことがない。親に注意されると返事をしないで「うるせえ」という顔で自室に逃げ込む。これが会社でも通用すると思っている。

毎年、希望する会社に就職できた新卒者の三〇％が三年以内に辞めているという。意識と行動の変革ができなかった人である。努力を拒否した人である。この三〇％はまた就職しまた辞めてついに二階の自室に引きこもる人になる。

白井課長が会社や社長を批判し、会社にマイナスの言行をするなら左遷していい。育成という任務を忠実に果たしている課長を部下が「ついていけない」と訴えたから左遷したのでは、社長を信用する人がいなくなる。取引先が知れば、社長を軽蔑する。

もちろん幹部は社長に弓を引いてはならない。社長に服従し、いかなる場合も社長の味方をする。それが解っているから社長は社員より幹部に全幅の信頼を寄せるのである。

たとえばもし社員が「課長はこんな悪いことをしている」と密告してきても、社長は軽軽に課長を切り捨ててはならない。密告者に不信を抱きあくまで課長を庇い助けるのである。

直訴してきた五人の営業マンに対して、社長は「白井課長は君たちを一生懸命育てようとしている。こうした上司に恵まれたことに感謝するのが先。ここを辞めてどこに勤めても君たちは勤まらない。今の話を撤回するか、しないならどうぞ即刻全員辞めて結構」と言わなければならなかった。

九州営業所の白井所長は新人を三人採用して育て、一年後、七拠点中トップの成績をあげた。当然のことだが製造部員などは白井所長を讃えた。そしてこれも当然のことだが、社長と専務は白井所長を讃えることはもとよりねぎらいの言葉一つかけなかった。営業マンは相変わらず遊んでいる……。

ニセモノと本物の包容力の違い

この新社長、意外にも「器が大きい」と若い社員、特に女子社員から評価されている。

器が大きいとは具体的にどういうことか女性社員に聞くと、よく人の話を聞いてくれる、相手の立場になって考えてくれる、叱るよりほめてはげます、やさしい、包容力がある、といった答が返ってきた。

器が大きい人は包容力がある。

包容力は本物とニセモノの見分けが難しい。範囲が広く、〝無責任〟な言動まで「包容力がある」と見られる場合がある。たとえば新入社員が「こんな仕事をさせられるとは思いませんでした。入社時に言われていません」と文句を言ってくる。社長は「いや、すまない。君の言うとおりだ。君が不満を持つのはよくわかる。悪いようにはしないから、しばらく我慢してやってください」と言う。

包容力がないとは相手の欠点や失敗を許さない、責める、徹底して追及する、相手の言い分を聞かない、細かいことをしつこくガミガミ言う、「もう知らない、勝手にしろ」と突き放す、相手のいい点まで否定する、自分を脅かす有能な部下を蹴落とす、冷たい、利己的といった言動である。

部下に対してこうした言動を繰り返している上司は、部下から嫌われるだけでなく、人間として軽蔑される。

ニセモノの包容力とは部下に嫌われたくないために「いいよ、いいよ」と失敗を許す。「仕方ない」と妥協する、大目に見る、見て見ぬ振りをする、甘やかす、放任するなど。

また人生にも仕事にも家庭にも、何事に対してもいい加減で無責任な人がいる。部下が「こうしてほしい」と言えば「いいでしょう」と寛大に許可する。部下が失敗しても「いい勉強になったろう」と笑って済ます。部下が間違ったことをしていても注意しない。部下が仕事を怠けていても放っておく……。この上司は〝実《じつ》のない人〟である。真剣になること、徹底することがしんどいので、何事も「いいよ、いいよ」と逃げ腰で中途半端にしている。性格自体が怠惰でだらしない人、誠意がない人、この人が一見包容力があるように見えるニセモノである。

「器が大きい、包容力がある」と人気がある社長はこのニセモノに入ると考えていいだろう。

社長はよく社員を飲みに連れて行く。夕方、残っている社員を誘ったり、出張先で一緒に食事をしたりで、上司の誰もがしている普通のことである。普通でないのは連日のごとく回数が多い点と社員なら行かない〝いい店〟に連れて行く点である。社長はいい店でうまいものをご馳走すれば社員は「器の大きい社長だ」と信頼してくれると思っている。人心掌握のためには「飲み食い」が一番だと思っている。

若い社員や女性社員は内心「飲み食いさせれば尊敬されるなんて本気で思っているのか、幼稚だな」と思っているにちがいない。ニセモノの証拠である。

包容力は本来親が子を育てる際に求められる能力である。対等の人や自分より上に対して包容力は通用しない。上が下を正しく強い人に育てるために必要とされる力である。

本物の包容力を持つ人は自分に厳しい。責任感が強く自己の任務に対する使命感も強い。部下にも厳しい。当然、認める、ほめるよりも、注意する、叱るのほうが頻繁である。

この厳しい上司が「ここは許さないと相手が潰れてしまうから一歩引こう」「部下は心から反省しているのだからなぐさめよう」と寛大な処置をする。部下は上司の人間味ややさしい情を感じ「包容力のある上司だ」と認める。認めて好きになり自分のほうから近付いていく。この上司に認められる仕事をしようとする。

本物の包容力は人の心を鷲掴みにする。指導者に最も求められる能力である。これがあれば部下は唯唯として従い、これがなければ部下は距離をとる。

このことが正しく理解されていないと、かの社長のようなニセモノが横行する。部下の心を引きつけようとして部下に阿《おもね》ってしまう。

社員は社長のことを「いい上司だ」と言うが、会計事務所の所長は「甘いダメ上司だ。社員によく思われたいために、社員のいいなりになっている。そのため社員が育っていない。だから業績が上がらない」と冷静に評価している。

日本の会社は人の感情の部分を重視する

包容力は人間としての器が大きくなければ発揮できない。

器などというあいまいなものが会社の経営や上司の部下指導に求められるのは日本の中小企業だけで、アメリカの大企業は上司も部下も契約とそれに基づくルールに従えば、人間性などはそれほど問題にされない。

もちろん人間だから感情はある。上司は好きな人を優遇し、嫌いな人は遠避ける。

アメリカの会社で出世したければ（冷や飯を食わせられたくなければ）上司に〝ゴマをする〟ゴマスリ能力が不可欠と言われている。

ゴマスリは日本では実力のない人が保身のためにするものであるが、アメリカではどんなに能力があり仕事ができても、上司にうまくゴマがすれない人は出世できない。

上司の部下評価は絶対で、低く評価されれば見捨てられ出世の道は閉ざされる。高く評価されれば上司の後継者になれる。ここでは上司が部下に思いやりを示したり遠慮をしたりする包容力の出番はない。器は小さくても、変形していても上司は務まる。

それと比べると日本の会社は人間の〝感情〟の部分がすべての人に大きい意味を持っている。

器だとか包容力とか経営や仕事と無関係のものが重視されている。

どこの会社も創業社長は金持ちになりたい欲望から会社を興している。成功したい、会社を大きくしたい、社会に認められる会社にしたいと欲望は大きくなるが、欲望が活力の源である点はまだ創業期と変わりない。

この欲望と人間としての器や包容力はつながっていない。特に創業期は利益優先が重要で、社長が経営よりも人間性の修行に力を入れたら業績悪化を招きかねない。

かといって社長が十年たっても金の亡者で、社員を大事にしないなら優秀な社員は育たないし残らない。会社は「社会貢献」と「社員の幸福」を謳うことによって一人前と認められる。この時期から器や包容力といった人間的なものが経営に不可欠になる。

仕事に対する社員の意欲を高める、社員の献身を引き出す忠誠心と団結心を強くする、そのため上司は部下に思いやりを示し、部下に寛大な処遇をする。こうした日本的経営を軽視すると会社は生き残れない。

人間として器が大きいこと、これが指導者の条件である。危機が訪れたときに「今こそあなたについて行きます」と喜んでついてきてくれる部下がいる上司、部下が信頼する上司、部下が慕い寄ってくる上司にならねばならない。

他を容れる空間作りは難しいか

器が大きいとは〝ゆとり〟があるということ。器が小さいとは自分以外入らないこと。そのゆとり部分に他人を容れる。これが包容力である。

人は誰も欲望のかたまり。大事なのは自分、自分の命、健康、自分の家族、自分のお金、自分の物、自分の考え、信念、思想、自分、自分、自分である。つねに自分を主張し自分を攻撃する相手から身を守る。器の小さい人はこれで精一杯。毎日自分の欲望を満たすため、自分を守るために全時間と労力を使い果たしている。

経営者の中には「自分が絶対」で人の意見を聞かない人が少なくない。人の話をよく聞いて、いいことは取り入れるという〝ゆとり〟を持つ人は滅多にいない。

器の大きい人は自分中心の器の上のほうにほんの少し無私の部分、他を容れる空間がある。その人と少しつき合えばそれが解る。それを言葉では「器が大きい」「包容力がある」あるいは「人間的魅力がある」「人望がある」「徳がある」と表現する。

器の上のほうに他を受け容れる空間を作るには、自分の欲望を消しゴムで少し消し去るしかない。無欲、無私の部分、無心の心を作ればそこに他（新たな考え方や心）がすんなり入ってくる。

これが器の大きい包容力のある上司になる具体的方法である。

生まれ、家庭での育てられ方、受けてきた教育、読書、教師や友人の影響、社会人になってからの社長や上司やお客様の影響、こうした諸諸の力が働いて人間は成長する。少ししか成長しない人と大きく成長する人がいる。この大きく成長した人が他を容れるゆとりのある器の大きい人になるのだろう。

国家人民のために立ちたる君にして

包容力は思いやりとやさしさ、言いかえれば「仁」である。

仁は孔子の思想の核である。これは日本の〝武士道〟の精神の支柱にもなっている。武士道の淵源は歴史に武士というプロの戦士が登場した時にさかのぼる。

だが江戸時代以前の武士道は全く別のものであった。

武士道は卑怯、臆病、偽善を嫌悪するが、戦国時代は国を守るため或いは自分が生き残るために権謀術数を駆使して、妻や子を人質にさし出しあるいは殺し、父親を捕えて追放したりが日常的に行われた。弱肉強食の世の中にあって、武士層の掟は荒々しく血腥いものであった。

その武士の掟は江戸時代になって磨き込まれ光沢のある玉となった。戦わない武士が平時に自己を律する〝道〟に変質した。

この変質して完成した武士道はその後現在に至るまで武士、軍人、政治家、経営者が拠り所とする〝行動規範〟になっている。

昭和三十六年（一九六一）、第三十五代アメリカ合衆国大統領のケネディはインタビューに答えて、「尊敬する人は上杉鷹山、私は鷹山から多くを学んだ」と言った。

当時鷹山の研究書や専門書、それと娯楽本位の小説はあったが、日本では忘れかけられていた。

ケネディが言ったということで「それっ！」と鷹山ブームが起きた。雑誌、新聞が採りあげ、ビジネス書や小説が続々登場。テレビドラマにもなり、鷹山がその政策をまねたと言われる直江兼続（上杉家の家老で鷹山より一五〇年前の人）まで脚光をあび、山形県の米沢が観光名所になった。

鷹山は倒産寸前の米沢藩を、倹約と殖産で借金を減らし財政再建した。また学問所の興譲館を再興するなど教育を重視して人材育成に務めた。

経営者や政治家は鷹山ものを「指導書」として読んだ。平成になってからの新聞社の調査では鷹山が「理想のリーダー」のトップになっている。

鷹山が隠居後、後継者に与えた「伝国の辞」は有名である。
一、国家は先祖より子孫へ伝え候国家にして、我私すべき物にはこれなく候
二、人民は国家に属したる人民にして、我私すべき物にはこれなく候
三、国家人民の為に立ちたる君にして、君の為に立ちたる国家人民にはこれなく候

この国家を会社に、君を社長に、人民を社員に置き換えれば、そのまま経営者に対する教訓になる。

ケネディ大統領はなぜ鷹山を知っていたか。新渡戸稲造の『武士道』を読んだからである。

『武士道』は明治三十三年（一九〇〇）にアメリカで出版された。新渡戸はこの本を外国人に日本を正しく理解してもらうため英文で書いた。後に英語以外の世界中の言語に翻訳されるが、日本で和文に翻訳されたのは明治四十一年（一九〇八）、八年後であった。

この本はアメリカ二十六代大統領セオドア・ルーズベルトが感動し、知人友人に配って勧めた。以来『武士道』は日本理解の参考書として欧米の政治家や知識人によく読まれた。

ケネディ大統領もこの本を熟読精読した。

この本を座右の書にしている経営者は多い。しかし世界的に有名なこの本を熟読精読する人は本当は少ない。本を手にするが読み切れずに途中で投げ出してしまう。

理由は二つある。一つは新渡戸が引用するヘーゲルやスペンサーなどの思想家や世界の歴史上の人物があまりに多彩多様で、歴史と哲学と文学についての広い知識がないとついていけない。

二つ目は英文からの翻訳なので和文（日本語本来の文法による文章）になっていない。いわゆる翻訳調の悪文である。たとえば、「切腹をもって名誉となしたることは、おのずからその濫用に対し少なからざる誘惑を与えた」（矢内原忠雄訳・岩波文庫）。

日本語で言えば、

「切腹こそ名誉ある死に方である。この考えが（武士層に）流行して命を粗末にする軽率な切腹が増えた」であろう。

日本人が日本語の文章を理解するのにくたびれてしまう。それで本を放り出す。

新渡戸稲造は第五章「仁、惻隠の心」で、上杉鷹山の「伝国の辞」の三つ目「国家人民のために立ちたる君にして……」をあげて、当時の封建君主が暴虐専制をほしいままにしてはいなかったことを示した。よき君主は人民を思いやり、人民の意見を聞く。そうすれば人民は国を愛し、国のために働くことを惜しまないと説いた。

ケネディ大統領の「国があなたのために何をしてくれるかを問わないでほしい。あなたが国のために何ができるかを考えてください」という演説は『武士道』のこの章の影響を受けていると考えて間違いない。

仁に過ぎれば戦いに負ける

社員は会社に「こうしてほしい」「あれがなければいやだ」と要求するのを控える。その前に仕事で成果を上げる。会社の方針に従い忠誠を尽くす。こうした社員に対して上司は思いやりといたわりで応える。日本の会社はこの人間同士の信頼関係で成り立っている。

孔子は家族の和や上に対する忠誠心、弱いものに対する思いやりを重んずることが聖人君子のあり方であると説いた。

江戸時代にはこの儒教が国家の思想として根を張り、また日本的経営の柱といわれる石門心学もこの儒教の影響を強く受けている。

こうした流れに逆らうように仙台藩の伊達政宗は「仁に過ぎれば弱くなる」と言い、儒教の徳目を批判した。伊達政宗が遺した「五常訓」は、

仁に過ぎれば弱くなる

義に過ぎれば固くなる

礼に過ぎれば諂《へつら》いとなる

智に過ぎれば嘘をつく
信に過ぎれば損をする
である。仁義礼智信なんて絶対のものではないんだぞと、孔子の教えをありがたがる人に警告している。

戦いに明け暮れてきた戦国武将の言である。敵に情けをかけて一族郎党殲滅することなく許したために、後に勢いを回復した敵に滅ぼされた例をいやというほど見ている。部下に甘くすれば、部下は厳しい命令に従わなくなる、指導者が自分の意思を貫けなくなる。戦いに負ける……。

会社は戦う組織である。勤勉と倹約の日本的経営を行う経営者は、孔子よりも伊達政宗の教えを行動の規範にするほうが成功の率は高いし失敗の率は低いのではないだろうか。

伊達政宗の「仁に過ぎれば弱くなる」の教訓のポイントは〝過ぎれば〟にある。

昔観たヨーロッパ戦線の戦争映画。勝ち軍の隊長が戦地を見回る。敵味方の死屍累々。まだ幼い紅顔の少年兵が倒れている。「自分の子と同じくらいだろう。かわいそうに」。隊長はその死体を弔おうと近づく。死んでいなかった少年兵がピストルで隊長を撃ち殺した。

〝過ぎる〟は敵に示す情けである。

三友鋼機グループ（道具館・レンタル館）の佐々木大八会長がこう言っている。「うちの社員はライバルに客をとられてヘラヘラ笑っている。取り返してこい！　ライバルの客を取ってこい！　と言っても下を向いている。闘争心、競争心が弱いんです。この精神を叩き直してください」。社是は「立派な日本人であれ」である。打算と自己中心で力を出し惜しみし、会社のために尽くさない人は辞めていく。人不足だが、一緒に戦う気のない人は辞めてくれて結構と意に介さない。

三友鋼機グループは最近ホテルで五十五周年記念の家族の集いを開き全社員に特別賞与を出した。会長は社員を大事にする仁の人である。

会社という組織に身を置く人は第一に戦意（戦う意欲）と戦力（戦う能力）が求められる。この二つがなければ仕事にならないからである。これを持って十分に戦っている部下に指導者は思いやりとやさしさ、すなわち「仁」を行う。これに欠ける社員にはまず一人前の戦意と戦力を持たせなければならない。件の新社長は組織運営の根幹と人事の基本を軽視して、「仁」を優先した。仁に過ぎればの人である。

指導者として成功するための条件一。

仁に過ぎれば弱くなる。敵はもとより、努力しない人、横を向いている人にやさしくしてはならない。

二章　建前社会の指導者のあり方

言葉の威力

酒に酔った中年男が選挙の投票場で逮捕された。投票管理者が「ご苦労さんです」と声を掛けた。男は「『ご苦労さん』は目下に言う言葉だろう」と怒鳴り、机をひっくり返し投票管理者の頭を一回殴った。男は〝公職選挙法違反〟容疑で逮捕された。

国の調査によると自分より目下の人に「お疲れ様」と言う人が五五％、「ご苦労様」と言う人が三五％、一方自分より目上の人に「お疲れ様」と言う人は七〇％、「ご苦労様」と言う人が一五％だそうである。

投票管理者は自分が投票人より上だと思っていたわけではあるまい。おそらく使い分けにこだわらず目上の人に「ご苦労様」と言う一五％に入る人だったのだろう。それに対して酔っ払い男はこの言葉の使い分けにこだわる派の人だった。

友人の荒田新《あらたしん》は部下の報告への返事に「了解しました。ご苦労様。以上」の定型文を使っていた。ある時、中学の同窓会の幹事をしてくれている同級生のメールにこの返事を送った。同級生は怒って電話をしてきた。

「俺はお前の会社の社員じゃない。お前の部下じゃない。女房は『あなたをあなどっているのよ』と言っていた。俺をあなどっているのか」

荒田は平身低頭して謝り、反省して、以後「ご苦労様」を省き「了解しました」のみにした。ところがこれも評判がよくない。

最近、娘の娘がバレーボールの地区大会に勝って東京都の大会出場が決まった。娘のメール報告に「了解しました」の定型文で返事した。娘から「了解してくれてありがとう」という皮肉をこめた返事が来た。荒田はあわてて「よかったね、おめでとう、アタック・ナンバーワン！」と〝誠意ある〟メールを返した。

妻のメールにも「了解しました」と返事。妻の茶飲み友だちがそれを見て「へーえ、夫婦で、了解は変じゃない、あなたの旦那、少しおかしくない？」と言っていたそうである。

了解は了承とほぼ同じ意味で「そのことを承認する」と相手に言っている。お客様や上司の依頼に「了解しました」は不遜《ふそん》であり、この場合「かしこまりました」「うけたまわりました」「承知しました」であろう。「ご苦労様」や「了解」といった上から目線の言葉は平等意識が行き渡った現今、相手を不愉快にする場合が多い。

なお、報告メールの頭に「お疲れ様です」と使うのは間違い。また出逢った相手に「お疲れ様」、出掛ける相手に「ご苦労様」もおかしい。この言葉は「おはよう」「こんにちは」「行ってらっしゃい」の代用にはならない。この挨拶は「さようなら」の代用品である。仕事が一区切りした時に相手を慰労する意味をこめて言う。

言葉遣いは環境と教育で身につく。しつけが行き届いた家で育った人は敬語が自在に遣える。現在こうした人は極少数で、日本人の大半は敬語が遣えない。それだけでなく、言葉の質量が貧弱で、遣い方が粗暴である。荒田もその一人だが、それを自覚して、その都度改めていくしかないのだろう。

言葉などどうでもいい、一円にもならないと言う人がいる。

毛沢東は自分の権力強化のために「整風運動」によって政敵や軍人を一万人以上殺害、「大躍進政策」によって二千万人の農民を餓死させ、「文化大革命」によって一千万人を死に追いやった。三千数百万人の殺人、虐殺を「整風」「躍進」「文革」の美名の下に行った。そして今は「建国の父」として中国の紙幣の肖像画になっている。

毛沢東は読書家であり文学青年であり多くの詩を作った。「言葉」の威力を知っておりその力を自在に使う能力を持っていた。口から発する言葉だけでなく、手紙、報告書、雑誌に載せた意見や論文などによって天下を取った。

武器としての言葉の殺傷力はミサイルを凌駕する。

戦争という言葉を消し去れば

「言葉狩りに精を出す」市民活動家が各地にいる。言葉について神経質に〝理屈〟を言う荒田もこうした活動家と同類なのだと思う。

ある日「世田谷区立平和資料館」に見学に行った。

資料館には兵隊が戦地に持って行った激励寄せ書き入りの日の丸や軍服、戦闘帽、空襲にそなえて田舎に疎開して共同生活を送る子供たちの写真や絵などが展示してある。誰がどう見ても戦争資料館である。それがなぜ「平和資料館」なのか。

広島の原爆ドームは広島平和記念碑となり、隣は広島平和記念資料館、全体が平和記念公園という名称になった。

特攻基地があった知覧も同じ。兵の手紙や遺書が展示されている館は「特攻平和記念館」であり、その館に至る大通りは平和通りと呼ばれている。

平和は戦争反対の代用語である。平和資料館は戦争反対資料館であり、原爆ドームは戦争反対記念碑である。戦争の悲惨を忘れないため、それを今に伝え知らせるための記念館、資料館である。ならば「戦争」という言葉が最も適している。「平和」では目的がぼやけてしまう。

「悪い言葉を遣わなければ悪いことがなくなる」なんて子供だって信じない。

それを大の大人が、学者が、役人が、政治家が信じて「平和」運動をしている。戦争は悪だから、軍隊は悪だからそれに関わる言葉は一切遣うな。「第十八師団通り」などという地名は変えよ。

縁起をかついで「するめ」を「あたりめ」と言ったり、町名「亀梨〈かめなし〉」を「亀有〈かめあり〉」に変えたりの語呂合わせは罪がないが、戦争を平和に言い変える所業は、社会主義国家がやっている思想統制に似ている。

昔話「かちかち山」は、うさぎがたぬきをどろ舟に乗せて溺れ死にさせて終わる。それをたぬきが反省し謝ってメデタシメデタシの結末に変えた人がいる。こうした人がコツコツと世の中から戦争を代表とする〝悪い言葉〟を抹殺する活動をしている。

光と影、善と悪、安全と危険、平和と戦争、世の中はこれらのバランスで成り立っている。世の中の暗い部分を隠し、存在しないものにする。明るいいいものだけを表に出す。

平和主義者の中にはこうした活動に熱心な人が少なくない。

ゆとり教育の遺物漢字配当表

「学力調査で出題ミス　習っていない可能性」という意味不明の新聞記事（二〇一五年八月十九日産経新聞）が目についた。

——都教育委員会は都内の公立中学の二年生を対象に、都独自の学力調査「児童・生徒の学力向上を図るための調査」を行ったがその国語の問題に出題ミスがあったと発表した。

漢字の読みを聞く4問のうち、「担（かつ）いで」「本望（ほんもう）」「省（かえり）みる」の3問について、中学二年生はまだ習っていない可能性があった。

学習指導要領に照らすと、漢字自体は小学校で習うが、出題された読み方については、高校や中学三年までに学習させることになっており、出題者が勘違いしたという。都教委は「学力を分析するデータとしては不適切」として、この3問を除外した上で、正答率などを算出する方針である。——

もう一つ引用する。エッセイスト・田口静香氏の一文。

——漢字学習は学校で行われる。文科省は「学年別漢字配当表」を定めている。学年ごとに教わる漢字が決められているのである。まず「読み」から教わり、「書き」は次の学年で覚えればよいことになっている。

たとえば「建物」。

建築物のこと。「建物」と書かれていれば、自然とビルや家などをイメージする。しかし配当表により「物」を三年で教わり「建」は四年まで先送りされるのでとりあえず「たて物」と書く。

「建」と「物」をワンセットで覚えないので「建築物」のイメージができない。家やビルを「立物」と書いて違和感を覚えない。つまり漢字に対する感性が育たない。大人になっても平気で「気づつく」「週慣」「新切」「暗気」など書くようになる。

漢字は「音」だけでなく「意味」を伝える。ひとまとまりの意味を持つ言葉を漢字とかなに分けることで理解を分断することになる。学習の負担軽減どころか、むしろ漢字への興味を失わせ習得しにくくさせてしまう。――

田口氏は「読み」と「書き」の学年別配当の弊害を指摘している。

この新聞記事は「読み方」も学年別配当を行っていることを報じている。

小学校で担（たん・になう）、望（ぼう・のぞむ）、省（せい・しょう・はぶく）は教えるが担〈かつ〉ぐ、本望〈ほんもう〉、省〈かえり〉みるといった読みは高校や中学三年までに習うことになっており、中学二年のテストに出題してはならない問題だったということである。

小中学校で習う常用漢字二一三六字は一字一字、読みと書きをいつ習うか決められている。書きは読みの一年後であり、読みでもこのテストのように違う読み方はもっと上級に進んでから習う。

中学二年生でこの3問の読みができた生徒はいたであろう。優秀である。しかし3問はミスとして除外され、正解とは認められない。

児童の作文に先生の赤ペンで「これはまだ習っていない漢字です。注意しましょう」と書いてある。親は漢字で書いた我が子をほめたが、先生は「いけません」と指導する。こんな神経衰弱ゲームのような漢字配当を誰が始めたのか。

日本語は優れた言語である。漢字の読みにひら仮名で振り仮名がつけられる。英語にも中国語にも振り仮名はない。

日本語は平仮名、漢字に加えて外国語に対応力のあるカタカナ、ローマ字があり、数字も算用と漢数字、アラビア数字まである。前野良沢の『解体新書』(一七七四)以来、翻訳力は幅と深さにおいて他国の追随を許さないレベルである。日本は世界中の論文や小説を日本語で読むことができる。自分が理解できる言語のものが簡単に手に入る凄い国である。このことが日本の軍事や経済はもとより学問の各分野の発展にどれほど寄与したか計り知れない。

アジアで日本のみノーベル賞受賞者数が多い理由の一つもここにある。

理科離れの原因は国語力低下

小学六年生の八〇%が「理科が好きでよく解る」と答えているが中学三年生は六〇%に減っているという調査結果が出た。国は〝理系〟の拡充を目指している。国立大学は文系学部を廃止して理系一本に絞る方向にある(文系は私大に任せる)そうだ。

理科嫌い、理科離れがすすめば、国の教育の大方針が崩れる。問題である。

原因は、はっきりしている。小学校の理科の授業は実験で魔法のように色が変わり光り、煙が出る。変化を目や耳で知ることができる。おもしろい。

中学三年生となればこうした実験型授業は減り、理論や公式が主になる。そのため嫌いになる。識者は「幼少期の工作や砂遊びなど、生活体験の不足が理科離れにつながっている。子供の探求心をくすぐる工夫が必要」と述べているがそうだろうか。

全国学力テストの中学二年生の問題。

「五％の水溶液一〇〇グラムつくるのに必要な水と食塩の質量を答えよ」

この問題の正答率は四六％。半数以上の生徒が正解できていない。

この問題が解けない半数以上の生徒を理科好きにするのに「幼少期に不足していた工作や砂遊びをさせる」「探求心をくすぐる」はピントがずれている。

理科嫌いになった原因は国語の基礎ができていないためである。

「五％の水溶液一〇〇グラム」の意味が解らない。問題が解からなければ答が出てくるはずがない（正解は水九五グラムに食塩五グラムである）。

なぜ問題が解らないいか。言葉が解らない。学校の国語軽視、漢字配当表制度などのせいである。もちろん算数、数学も理科には大事であるが、％などの割合や方程式などの数式も、教科書や教師の言葉による説明がなければ理解できない。理科離れは漢字離れ、国語離れが原因である。

理系の優秀な学生をふやしたいなら、中高生の理科嫌いを減らしたいなら、科学博物館や宇宙ロケットになじませても効果はない。小学生の時から漢字と漢字を使った文章にたっぷり浸からせることである。

漢字を制限せずふり仮名を

子供が夢中になっているゲームは子供の頭にスピードと暴力を容れる。言葉はない。頭に言葉がふえないから思考力が育たない。文章を理解して考えを進めることができない。

かつて子供は外で遊び、親の手伝いをし、それ以外の時間は本を読んだ。読書好きでない子でも先生や親が「読め」と言う本は最低読んだ。これにより自分で考え自分で決めることができる大人になった。

荒田は小学校五、六年の時、少年少女向けの雑誌『譚海《たんかい》』を読んだ。古本屋で一冊十円だった。探偵もの、冒険もの、根性もの、時代小説、西部劇など何でもありの雑誌である。著者は横溝正史、野村胡堂、江戸川乱歩、山岡荘八、山中峯太郎など。駆け出しの作家の凌ぎの場であった。子供向けだが作者は漢字を自由に使った。出版社は漢字に全て振り仮名をつけた。

〝よい子の本〟より『譚海』(昭和二十四年から二十九年の五年間刊行)を読む子供は少なくなかった。学校の教科書も児童図書も漢字を自由に使って振り仮名をつければいい。こんな簡単な解決法があるのになぜ実行しないのか。

現在、学校によっては読書の時間をとっている。学校の道徳の授業に優れた教科書は期待できない。ならば日本と世界の文学作品を読ませればいい。原文そのまま。漢字に仮名を振り、難解な用語は解説をつける。

昔の子は『論語』などを素読した。意味も解らないうちから振り仮名つきの漢文を読んだ。それを書き写して覚えた。

知覧の特攻兵の手紙を見ると感動する。内容もさることながら二十歳に満たない青少年の字のうまいこと。文章の優れていること！

一人二人ではなく全員が、荒田など足元にも及ばない立派な手紙を書いている。当時の国語教育が優れていたのであろう。

日本が技術大国になれたのも、日本民族が優秀だと評価されるのも、こうした過去の国語重視の学校教育と子供の時から無制限に漢字に接する環境があったからである。

こうすればいい。

①「漢字配当表」制度を全廃する。

②道徳の授業は読書の時間にする。

③本は原作に限る。難しい漢字に振り仮名を入れる。やさしく書き改めるのは不可。

遣ってはいけない言葉を捜し出す人

有名な言語学者がテレビで「言葉の乱れなど問題にすることはない。正しい言葉遣いなんてないんです。今遣われている言葉が正しいんです、ガハハハ」と豪快に笑い飛ばしていた。

一理ある。権威ある学者が言うから、みな「言葉なんて気を遣わなくていいんだ」とさらに神経を遣わなくなった。

こんなに優れた言語を持ちながら、こんなにその価値を認めない時代はかつてない。経済も科学も政治も言葉で成り立っている。その基礎が言葉にあることを知らない、認めない人が増えた。言葉に鈍感な学者や政治家が増えた。

こうした世の中で言葉に細心の注意を払っている人がいる。出版社や新聞社である。荒田は自分の本の中で「酋長」という言葉を遣った。これは差別語だからと出版社は「部族長」に変えた。変えられたことに不満はない。だが差別語がだんだん範囲を広げていると感じた。

中東にアラブ首長国連邦という国名の国がある。アラビアの七つの小部族が集まってできた国である。よって元は「酋長国」「土侯国《どこう》」であった（アラビア語のアミールは酋長あるいは土侯と訳されている）。酋長はいけないということで首長に変えた。未開部族を土人と言い、そのリーダーを酋長と呼ぶのは相手を侮辱することになるという理由で変えたのである。

出版社、新聞社、テレビ局などは言葉に気を遣う。差別語、禁止語が紛れ込まないように。ただし差別語を遣ったからといって犯罪者になるわけではない。

ではなぜ神経を遣うのか。〝言葉の番人〟に噛みつかれ、騒がれ、「訂正しろ」「謝罪しろ」「さもなければ訴える」と責められるのがいやだからである。

言葉の番人なんて本当にいるのか。

四十年前荒田は「燃えるセールス」という営業マン向けの録音テープの教材を作った。本屋で売るものではなく、会社に直接販売する。

手紙が来た。差出人は「○○市の人権を守る会」

「テキストの何ページの何行目に〝土人に靴を売る〟とありその後にも二度土人という言葉が出てくる。明らかな差別語であり著者の見識を疑う。すぐ訂正し、訂正したものを提示せよ。もしそうしないなら提訴する」

荒田は驚いた。提訴するという脅しにではない。市販されていない営業マン向けのテキストをチェックして差別語が遣われていないか探している〝人間〟が存在しているということに、である。その時から言葉に神経を遣う〝言葉の番人〟が日本中のアチコチに潜んでいることを知った。

シャーロック・ホームズが虫眼鏡で証拠を探すように、差別語を探している人がいる。また差別語使用の情報を集めて、それをネタに正義の活動をしている人がいる。

「野性の証明」という映画をBSテレビで観ていたら音声が途切れた。「あれ?」と思っているとすぐ戻った。前後のつながりから「きちがい」という言葉を消したのだと判った。

四十年前の映画のせりふをチェックして〝遣ってはいけない言葉〟を消している。そうしないと上から文句を言われる、いや文句では済まない、会社が裁判所に呼ばれて処罰されるかもしれないからである。

間違いが許される例外もあるが

本や雑誌の論文などの文章の文字に振り仮名のような「ママ」とあるのを見たことがあるだろう。

編集者が「常識的には間違っているが、作者にはわざわざこう書いた深い意図があるのかもしれない」と判断して訂正をしなかった。「ママ」は「作者を尊重して原文のままにしました」という意味のシルシである。

古典になっている文豪の小説となると間違っていても「ママ」などつけない。志賀直哉は小説の随所で「本当」を「本統」と書いている。「冗談」を「笑談」と書いている。夏目漱石は「何でも彼でも」を「何でも蚊でも」と書いている（『草枕』）。樋口一葉は「羨ましい」を「浦山しい」と書いている（『たけくらべ』）。

他の文豪も国語のテストなら×になる漢字を自由に遣っている。自分の感覚に従って自分だけの字を作っているケースや、小さい頃間違って覚えたのがそのまま続いているケースなどいろいろあるが、出版社は〝畏れ多い〟ので原文のまま出している。

言語学者が「正しい言葉遣いなんてないんです」と言ったのはこうした〝文学作品の自由〟を思い浮かべたからに違いない。

言葉の番人がこうした文豪の小説の漢字の間違いや差別的表現を探し出して出版社に抗議したという話は聞いたことがない。

建前の法律が量産されている

「ポリティカル・コレクトネス」という言葉を聞いたことがあるだろう。

ポリティカル・コレクトネス（以下省略してポリコレ）は政治的妥当性と訳されているがこれでは意味が解らない。解る日本語にすると「差別偏見のない言葉を使う運動から出発し、すべての差別をなくす正義清潔至上主義の運動」である。

それはアメリカで差別語の撤廃運動から始まった。たとえば黒人をニグロではなくアフリカン・アメリカン（アフリカ系の）、原住民のインディアンはネイティブ・アメリカンと呼ぶことにした。

また女性差別になるからとビジネスマンをビジネスパーソン、カメラマンをフォトグラファーと表現し、「マン」のつく言葉を一掃した。

アメリカに習って五十年前から日本でも熱心に行われるようになった。めくら、つんぼ、おし、せむし、びっこは使用禁止。浮浪者、乞食はホームレス、看護婦は看護師、スチュワーデスは客室乗務員、保母は保育士になった。

つぎにアメリカの多くの州が人種差別の撤廃運動を法制化し、会社や学校はその地域に住む黒人、ヒスパニック（スペイン、ポルトガルの植民地だった中南米諸国からの移民）、アジア人そして白人の比率に応じて労働者や学生を受け入れなければならなくなった。この比率を守らない会社は処罰された。

また「年齢や性別、障害の有無を理由に採用不採用を決めてはならない」が徹底し、不採用、不合格になった労働者や学生の訴訟が増加し、大抵の場合訴えた側が勝ち、会社や学校は罰金を払いなおかつ不適格な人を受け入れなくてはならなくなった。

本来の会社の生産性や学校の教育レベルの向上といった大義より、差別のない平等と弱者の人権尊重という旗の方が強い力を持つ国になった。

日本も差別語使用禁止だけでなく法律によって男女平等、障害者雇用の促進を社会に浸透させ、現在は労働時間の削減、さまざまなハラスメント（いじめ）の禁止と親分アメリカも顔負けの〝前進〟を続けている。

元産経新聞記者　高山正之がこう言っている。

「新聞が建前に走り始めたのは一九五八年、昭和三十三年の売春防止法の適用からだ」
（『マスメディアの罪と罰』㈱ワニブックス刊）。

高山の言う「建前」がポリコレである。

アメリカの価値観はフェア（正義）とピュア（清潔）に尽きる。何事もこの物差しではかる。

建前に正面切って反対する人はいない。なぜなら建前はフェアでピュアだから。反対すればフェアでない人、ピュアでない人と見做され、社会からつまはじきされ除け者にされるから。人種差別撤廃に反対する人はいない。建前としては。それが正義だから。しかし白人の黒人蔑視と差別は厳然と続いている。

売春防止法は国会で賛成多数で可決成立した。賛成した議員の中には内心「こんな法律は成立させないほうがいい」と思いながら正義の建前に逆らえず起立した人が少なくなかったはずである。

高山の指摘どおり、以来差別反対と弱者優遇の建前法律が山のように生産された。子供に対する親の暴力を一切禁止にする法律までできた。

荒田は将棋を指している最中、小学生の長男がつけていたテレビのほうに目を向けたのでゲンコを見舞った。高校生の次男とパチンコ店で出逢ったのでその場でビンタを張った。女子は叩かなかったが、娘が小さい時、バスの中で「座りたいよお」と母親にせがんだので頭をコツンと叩いた。かなり痛かったようで今も「頭に穴が開くほどあんなに強く叩くことないでしょ」と恨みがましく言っている。荒田のこうした行為は、これからは許されない。犯罪行為と見做される。

正義ほどおぞましいものはない

人にも物事にも裏表がある。裏は陰部、暗部であり善に対する悪である。建前社会とはこの裏を否定して葬り去る社会である。

人は誰でも恥部欠点秘密がある。これを公にされれば職を失い時には命を失う。誰にも知られるはずはない。公にされる恐れはないと思っている。それが思わぬ時に思わぬ人の口から公になる……。

新聞や週刊誌に暴露された有名人は数多い。

第七十五代総理大臣宇野宗佑は毎日新聞に神楽坂芸者との仲をすっぱ抜かれて七十五日間の短命内閣に終わった。スポーツ新聞に違法カジノ賭博を報じられたバドミントンの桃田賢斗は選手生命を絶たれかけた。週刊文春に「多目的トイレで五分間密会、一万円手渡す」と書かれた芸人渡部建は年間一億円の全ての仕事を失った。

神楽坂芸者もトイレ女も情報提供の見返りにお金を受け取っている。女は相手にしてもらえなくなった腹いせに一時は良好な関係だった相手を抹殺する行為に踏み切ったのだ。

荒田は昔読んだ小説を思い出した。明治の偉人の〝女〟の話。高杉晋作は戦場に女を連れて行った。伊藤博文は妾が……と嘲笑している。これを書いたのは名の通った流行作家であり、本は有名出版社の文庫本である。

偉人に陰の女がいるのは常識であり、それが偉業をなしとげる一つの力になっているともいえる。これはほめたたえることではないが、偉人を貶める欠点ではない。それを小説家は軽蔑調で書いている。

欠点を探し欠点を指摘すればどんな英雄偉人にも欠点はある。だからといってその偉業の価値が下がることはない。正義清潔の建前社会は偉人をも足元に引きずり降ろす。

会社の中でも不満を持つ社員や元社員が社長や気に入らない上司の悪事を外部に訴える行為が日常化している。

平成十八年（二〇〇六）内部告発を推奨擁護する公益通報者保護法が施行されてから役所やマスメディアへの告発が増えた。不満や怒りを告発という形で発散させる人が増えたのである。

会社には知られたくない欠点がある。拡大一途の家電量販店で、店員が客を怒らせ「二度と来ない！」と言われている店もある。にぎやかなテレビコマーシャルの裏には社員教育の不足がある。

税務署から公正申告で表彰されている優良企業。社長はそれを自慢しているが、現場にはうつ病社員が多く自殺者も出ている。

日本は知っていても他人の秘密に触れないことをよしとしていた。旧ソ連では子供が親を「西側に通じている」と告げて警察に逮捕させることがあったそうだが、我々は「嘆かわしい。警察が父親を調べに来たら父親を庇うのが子供だろうに」と答える。名コラムニスト山本夏彦が「健康ほどいやなものはない」と何度も言った。それを真似て荒田は「正義ほどおぞましいものはない」と言う。

社長や幹部が告発されたら「脇が甘かった」「身から出た錆だ」と従容と服すしかない。社長や幹部は人の秘密を知っても、絶対それを武器として使ってはならない。「裏があるのが人間」という自然な考え方、日本的価値観に従うのだ。

忌諱多くして民貧す

「忌諱《きき》多くして民いよいよ貧し」老子の言葉である。

忌諱とは人が嫌がって避けること。老子がここで言う忌諱は国がいろいろ出す禁令や予防措置。憲法や基本的法律だけでは治まり切らず、国や地方自治体はさまざまな禁止や規制の法令省令条例を出す。

禁令は、大は刑法などの法律から小は地方自治体や小さい町などまでが発令する「これはだめ」「あれもだめ」集である。

町議会も国も条例、政令という形で〝民のために〟これを作っている。

規制は「この範囲内で行動を許すが、この範囲外での行動は認めない」という許認可制で、公官庁の仕事の大半はこれに尽きる。

小は危険地域への立入り禁止、短期間の交通規制、「飲食店は従業員数や店の広さで喫煙禁煙を区分する」法令など。

こうした忌諱があまりに多いと国民はがんじがらめにされ、息が苦しくなる。

貧するとは貧乏になることだが、これは同時に〝心が卑しくなる〟こと。礼節に欠け公徳心（社会の秩序を守り子供の模範となる）を失い、「自分さえよければ」の利己主義者になることを意味している。

広い道がだんだん狭くなり、荷馬車が通れない幅になり、やがて田んぼの畦《あぜ》道のように細くなり、人は用心深くバランスをとりながら歩かないと奈落の底に転落してしまう……。

社会に忌諱が多くなると、人の行動範囲が狭められ、禁止の立札に囲まれて生活することになる。「こんなことまでお上が口出しすることないだろうに」と文句も言いたくなる。

民貧すは、本来の明るい豊かな心を失うことである。

明治時代に大森貝塚を発見したアメリカの学者モースは「日本に貧乏人は存在するが貧困は存在しない」と言った。

これを藤原正彦が週刊新潮の「管見妄語」でこう解説している。

「欧米での貧困は惨めな生活や道徳的退廃など絶望的な状況を意味するのに、日本がまったくそうでないことに驚愕したのだ……」

海辺の小さい粗末な家に住む半裸の土人が皆礼儀正しく誠実で思いやりがあり明るい笑顔を浮かべている。それを見て欧米人は「日本は神に愛される国」と感動し、日本という国を好きになり尊敬した。

こうした民族を作った一つの要因は、日本が歴史的に忌諱が少ない国だった点にある。そのため貧乏だが決して「貧ではない」豊かな心を持つ民族になったのではないだろうか。

政府や公官庁は国民のために「よかれ」と思って禁令、規制による予防措置を多産している。それが人の心を貧しく卑しくすると予想している人は少ない。「公事に関わるな」と良寛和尚が戒めている。裁判沙汰に自分から首を突っ込むような人は心がますます卑しくなるだけである。

先進国ナンバーワンの犯罪国家

貧富の差、男女の差、弱者強者の差をなくして平等の社会を作り上げればみなが幸福になるというポリコレはアメリカ生まれの思想ではない。十八世紀のルソーの主権在民思想に端を発し、ソ連の社会主義思想に結実している。

旧ソ連は革命によって貴族、地主、資本家を葬って、社会主義の国を造った。土地や私有財産の所持を廃止し、労働者の収入を均一化した。この理想的社会は子が親を警察に密告する社会、スターリンという冷血独裁者が支配する国になり、国民は貧困にあえいだ。アメリカとの〝冷戦〟がなければもっと短命に終わっていたであろう。

北欧の人口一千万人の国スウェーデンは、格差のない平等社会を目指し、保育所、学校、病院、老人ホームを一切無料にした。消費税は二十五%と世界最高値だが理想的社会にするため納税者は是認した。

年月とともにしだいに女性の地位が上がり離婚が増え孤児が増え、〝家族〟がなくなった。片親育ちの子や孤児が大人になり社会の中核を構成するようになった。この大人は殺伐たる心の持ち主である。祖先に対する敬意や子孫を思う心がない。正常な人間関係が作れない。この大人がまた子を作り孤児院に捨てる……。

五十年前、理想的福祉国として世界中から注目され尊敬されたスウェーデンは、現在、日本を含めた先進国の中でずば抜けた犯罪国家として注目を集めている。

強盗はアメリカの四倍、強姦は日本の二十倍、刑事犯罪の総数は日本の十七倍。少額の万引きや窃盗は数が多すぎて警察が対応できず訴えても取り上げてもらえないという。国の人口比であるが世界一は間違いない。

日本はスウェーデンを見習って「女子力の活用」などと言っている。スウェーデンは女性議員が四十％でそれと比べて日本は一〇％以下。女性議員を増やさなければとまじめな顔で言っている。格差のない理想的平等社会の末路はこんなものと知った今も。

かつての日本人の優れた価値観を

日本人は人から言われて初めて自分の長所欠点を知るところがある。だから宮大工の木組み工法、そろばん、禅、浮世絵や伝統的日本画、和装、武士道精神などのすばらしいものを惜しげもなく捨てて顧みなかった。

時が経って外国で「すばらしい」と見直され拾い上げられると、逆輸入してありがたがる。価値あるもの、大事なものとそうでないものの分別ができない幼児性が、民族の一つの特徴と言えるほどである。

マッカーサーは「日本人は中学生並み」と評したが、人間の練度つまり人間性と社会性においては日本人のほうが数段上等である。

正義清潔が大事でないとは言わないが、これよりもっと価値のあるものがある。日本人はかつては洗練された尊い価値観を身につけていた。それは「お天道様が見ている」「世間に顔向けできない」「男が立たない」「恥を知れ」といった独特の価値観である。こうした価値観は貴賤貧富に拘わらず共通の常識あるいは社会通念として誰もが持っていた。

別の言葉にすると、義理　人情　恩　恥　恕。

「義理がすたれりゃ、この世は闇だ」と流行歌にあるが、義理を貫くことがもし正義を欠いたとしても、正義を捨てて義理を通した。

「情けは人のためならず」と言って、思いやりとやさしい心を高く評価した。計算ずくで人に尽くすのではなく、心から相手のために力を貸せばそれは必ず自分に戻ってくることを知っていて他人に親切にした。

「恩を仇《あだ》で返す」人は人でなしと言われた。恩を受けたら感謝し恩返しの機会があったら必ず返す。日本の昔話には恩返しの話が多い。

「恥を知る」のが大人で、恥知らずな言動をする人は一人前に見られなかった。

「恕の精神」は相手の過ちを許す。自分も同じことをする。〝お互い様〟の寛大な心を持つ。

「清濁併せ呑む」度量の大きい人が立派な人で、濁を許さない正義派は偏屈な未熟者とされた。

かつての日本人なら誰もが身につけていたこうした価値観を再考すべし。

指導者は以下の点で部下に模範を示さなければならない。

①新聞や本を正確に読みこなす読解力を身につける。
②自分の思考を自在に書く文章力を身につける。
③正しい言葉遣いをする。差別語、禁止語には柔軟に対応する。
④男女の完全な平等はあり得ないことを認める。社会の貧富の差や能力の差を認める。
⑤社内の規則、規律を整理し少なくする。
⑥祖先を敬い子孫につなげる強固な〝家族意識〟を持つ。
⑦義理・人情・恩・恥・恕の、かつての日本人の価値観を尊重する。

指導者として成功するための条件二。
建前に翻弄されない。本来の日本的価値観に基づく言動によって部下に模範を示す。

三章　勤勉を捨てて何処へ

乗車拒否奨励のタクシー会社

タクシー。

手を挙げると「回送」で行ってしまう。また「回送」つぎも「回送」。いくら待っても来ないので駅まで歩いてやっと乗った。

「何で回送ばかりなんだ」と聞くと、頭のいい説明のうまい運転手がこう答えた。

「会社によって勤務のシフト時間は違いますが、時間厳守はどこも同じです。特に遅刻がうるさい。ウチの場合、一時間の遅刻が月三回あると減俸です。出社時ではありません。帰社時の遅刻です。決められた時間に会社に戻る。会社への帰り道で客を拾って、もし帰社時間が遅くなったら処罰される。だから『回送』の札を出して一目散に帰るんです」

「もし遠方までの上客だったら大損じゃないですか」

「はい、今はルール最優先なんです。以前は水上げ（売上げ）一辺倒でした。今は安全と従業員の健康が第一で、売上げはうるさく言われません。お客様第一主義ではない。客がいても乗せない。

たとえば東京のタクシーが茨城まで客を乗せて行ったとします。帰りは空車だから客を乗せればむだにならない。万一東京へ行く客ならラッキー。そんなことは本当に万一です。行き先を聞いて『行かれません』では〝乗車拒否〟になる。しかも茨城県で乗せた客が茨城県内で降りたとすると、これがルール違反になる（このタクシーの場合、乗車か降車の一方が東京都でなければならない）。

これが売上げ記録に残ります。上司はそれを見て叱責、もう一度あれば処罰される。だから『回送』で都内まで戻ってきてから『空車』にする。営業地域が決まっていて地域外で仕事ができない。つまり『回送』は乗車拒否のサインです。これがルール第一の今のタクシーの現状です」

以前は帰り際に一万円二万円の遠方客を乗せると一日がバラ色になった。二時間遅れて戻ると上司が祝福してくれた。今は〝不良ドライバー〟の烙印を押される。

「手書きで営業報告書を記入していた時はこんなことはなかった。今も手書きのタクシーがありますが、そういう会社はルールはおおらかです。

売上げが自動のレコーダーになってから管理が厳しくなりました。会社は本音は売上げを伸ばしたいが、労働基準監督署や国交省が調べにくる。労働時間を守っているか、過重労働させていないか、地域外で稼いでいないか。レコーダーをチェックすればみな判ってしまう。役所に睨まれると、指導、勧告など段階があるが、ブラックリストに載って、最悪の場合、免許停止になる。そのため経営者は『乗車拒否していいから時間どおり戻って来い、地域外の遠方からは客がいても乗せないで回送で帰って来い』とドライバーにうるさく言っているんです」

タクシー業界が勤務時間と勤務地域に厳格になったのは最近のことである。「働き方改革」が主要政策として登場してからである。

厚労省、文科省、国交省やその下部行政機関が会社の調査と指導に走り回るようになったのはついこの一年前からである。以前から労働環境劣悪と言われていたタクシー業界は役所にとっても指導のしがいのある相手で、みるみる〝成果〟が上がり、売上げ第一、お客様第一を吹っ飛ばして、勤務時間縮小第一の〝優良企業〟に変えることができた。

働き過ぎを目の敵にする風潮

「月の残業時間が百時間を超えたくらいで過労死するのは情けない」とインターネットに投稿した大学教授は皆の批判をあび、叩かれて謝罪。大学は「このたびの教授の発言は本学の教育方針とは相いれず、しかるべき対応を取る」と発表。教授は〝しかるべき処罰〟を受けたことだろう。おそらくこの大学の〝教育方針〟は残業反対、働き過ぎは非人間的で人を不幸にするから許さない、といったものなのだろう。

日本の会社は社員を大事にしている。奴隷のように冷酷にこき使っているわけではない。必要に迫られて長時間労働をしてもらっている。この実情を無視して、会社を犯罪者のごとく見做すのは働いている人のためにもならない。

ある地方メーカーの専務が怒っていた。

「毎日六時前に帰るし農繁期の休暇もとる。親に聞くと家に戻ってくるのはいつも夜十時、十一時、畑を手伝ったことはないという。調べると毎日パチンコしていたことが判りました」

この社員を人材として肯定するのが働き方改革である。

ゆとり教育は平成二十二年（二〇一〇）まで三十年間行われた。当初の自由な発想や思考力を養うという目的は全く達成されず、学力低下と精神の弱化が顕著になった。この国力衰亡の大失敗に学ぶことなく、今度は「ゆとり労働」の大行進である。

電通の「鬼十則」

荒田は二十八歳の時小さい雑誌社の編集長をしていた。

社長は四十前後の女性で、町を歩けば人が振り向く容姿の持ち主だった。色仕掛けで直接広告を取ってくるという噂もあった。

雑誌社の広告代理店は電通。担当者は油ぎった中年男でノックもせずいきなり入ってきて「社長、いる?」と聞く。経理の女性が社長の予定を言うと「そう」と言って出て行く。編集員は荒田を含めて四人いるが、挨拶がないだけでなく、完全無視。横柄で尊大。こんなのが自分の上司だったら荒田はすぐに会社を辞めるだろうと思った。

たまたま社長に遭遇すると、別人のように相好を崩し、よだれをたらさんばかりにゲタゲタ笑ってお追従《ついしょう》を言う。

社員は「あいつ、社長にイヤがられているのがわからないのかね」と話した。社長は仕事のために一度つきあったのだろう。その後、体よくあしらい、機嫌を損ねないようにうまく逃げている。それに気付かず男は追いかけている。

荒田は部下に「電通マンだからね、鬼十則が染み込んでいる。だが人間性に問題がある。鬼十則の上っ面だけ身につけたからだ」と言った。

「鬼十則」は電通の中興の祖といわれる四代目社長吉田秀雄が昭和二十六年（一九五一）に、社員向けに作り、以後社員の仕事に取り組む心得として、社員手帳に掲載して受け継がれてきた。優れた内容なので各会社が社員教育の教材として借用していた。

「鬼十則」で荒田が特に気に入って諳《そら》んじているのは、

五、取り組んだら放すな、殺されても放すな、目的完遂までは……。

八、自信を持て、自信がないから君の仕事には、迫力も粘りも、そして厚みすらない。

十、摩擦を怖れるな、摩擦は進歩の母、積極の肥料だ、でないと君は卑屈未練になる。

の三則である。

電通はこの鬼十則を数年前に社員手帳から削除し、その翌年には新人社員手帳からも削除した。

「殺されても放すな」の一文が過労死、過労自殺を誘引すると指摘されたからである。

「命より大切な仕事はない」が合言葉となって広がり「長時間労働は命に関わる問題であるから法規制を急ぐべし」の声が強まり、一年足らずの短期間で「働き方改革法」

が成立した。これで目的は達成できるか、過労で死ぬ人が本当にいなくなるか。

その前に「長時間労働は命に関わる問題」と「命より大切な仕事はない」という大前提は疑う余地のないものなのか。

命は種族保存のために尊いが、命より大切な仕事は本当にないか。

人が命をかけるに値するものはいろいろある。愛、義、公などである。命より大切な愛はある。命より大切な義はある。命より大切な公はある。人は愛に命をかけて死ぬ時がある。人は正義や義理を優先しておのれを犠牲にする。人は公に奉ずるために命を投げ出すことがある。

人は強い子孫を残すため、よく働き、よく食べて丈夫な心身を維持しなければならない。そのためより多く稼ごうと頑張る。

一所懸命という言葉がある。一つ所に命をかけるという意味で、初期の武士層が自分の領地を命をかけて守ったことに由来する。

領地を失えば生きていけない、だから命がけで戦う。これは武士道精神の端緒であった。

命より大切なものはいろいろあり、命より大切な仕事もある。

長い歴史を見ても、命よりも仕事（任務）を大切にして成功した人、名を残した人は多い。もちろん自分の命を惜しんで仕事を捨てた（逃げた）人はそれ以上に多いが、こうした人もただ勇気がなかっただけで、「命より大切な仕事がある」ことは理解していた。

鬼十則の第五は不偏の真理であり、個人主義が行き過ぎて自己中心がはびこる現在こそ必要な教えである。殺されても放すなは、どんな難しい仕事も途中で投げ出してはならない、食らいついたら放すなの意味で、社員の過労死とは全く関係ない。

過労死、過労事故はあっても過労自殺はこの世に存在しないと荒田は思っている。

「疲労は罪悪である」

哲学科の学生だった頃の荒田の頭に浮かんだ唯一の〝思想〟である。

疲れると頭の働きも行動も鈍る。ミスをする、遅れる。事故を起こす。組織では足手まといになる。対人関係ではイライラし、ヒステリーを起こし、度を超せば暴力を振るう。

疲れた状態のままでいれば人に迷惑をかけ、社会の厄介者になる。疲労はすみやかに回復しなければならない。疲れている人が、最優先でしなければならないのは疲労状態の解消である。

いけないのは長時間労働ではない。いけないのは長時間労働が寝る時間や休日なしで延延と続くことである。どんな頑丈な人も一年間続ければくたびれ果てて病気になる。長時間労働により疲れを蓄積させてはならない。疲労を回復する休日と時間が必要である。

徹夜仕事の後にはグッスリ眠る時間が、忙しい時期の後にはのんびりする月日が必要である。これがあれば長時間労働は根絶すべき悪ではなくなる。鳥も獣も生きるための繁忙期があり、ゆったり休んでいる時がある。春夏秋冬、寒い日、暑い日があるように自然な社会のごく常識的な営みになる。

労働時間を増やす国減らす国

ヨーロッパ通の友人が荒田におもしろい話をしてくれた。それは「ハンガリーの『奴隷法』」である。

「奴隷法」とは政府が労働力不足解消のために超過勤務時間（残業や休日労働）を現行の年間二五〇時間から四〇〇〇時間に引き上げ、しかもこの超過勤務手当の支払いを最大三年延長できるとする法律。

これに反対する労働組合などのデモ隊とメディアが奴隷法と命名した。

二〇一七年OECD（経済協力開発機構）の調査によるとハンガリーは年間平均労働時間一七四〇時間で日本の一七一〇時間とほぼ同じである。三八ヵ国中、最も少ない三八番の国はドイツで一三五六時間、アメリカは一五番目の一七八〇時間。

日本の平均労働時間はどのようにして算出報告したのか。

一年三六五日のうち土日祭日の休み一一二日、正月と盆の休みを入れると一二〇日。一年間で働くのは二四五日、一日七時間とすると一七一五時間になる。この労働時間は超過勤務時間ゼロで算出されている。

もし一日残業時間の上限年間九六〇時間を加えると二六七〇時間、一日二時間残業だと四九〇時間プラスで年間労働時間二二〇〇時間、世界のトップクラスになる。

これが実際の会社勤めの人の労働時間であり現実であろう。アメリカも同様である。一七八〇時間は工場労働者の定時の労働時間で、ホワイトカラーは家や社外での仕事時間が多く、これを加えると優に二〇〇〇時間を超える。

ハンガリーの平均労働時間一七一〇時間も同じ枠組みで計算されているのだろうから残業四〇〇時間を加えると二一一〇時間、世界のトップクラスになるが〝奴隷〟というほどではない。会社は残業代を三年以内に払えばいいという法律は「ただ働き＝奴隷」であり承服し難いが、年間一五〇時間の労働時間延長は連日デモを繰り広げる大問題ではないだろう。

人口わずか一千万人の国ハンガリーは移民に反対している。シリアなどからの難民の流入で安寧を奪われ、精神的不安に苛《さいな》まれ、将来の危険と恐怖を肌で感じてきた。そのため国民は外国人労働者の受け入れにNOをつきつけ、国土が難民の通り路になることにも不快を隠さない。

友人は荒田に言った。

「政府は仕方なく国民にもう少し長い時間働いてもらう方法を選んだ。これに反対のデモをしている人々は『外国人労働者反対、われわれの労働時間増反対！』と矛盾するスローガンの気勢をあげていることになる」

日本はハンガリーとは反対に残業時間の上限を極端に下げた。それによって生ずるさらなる労働力不足を外国人労働者の大量導入で解消する道を選んだ。

過労死ライン残業月八〇時間、年間九六〇時間にどんな根拠があるのか。これ以上残業させると死ぬ恐れがあると言いながら病院勤務医師には深刻な医師不足解消のため年間二〇〇〇時間の残業を求めている。医師は外人で賄えないから法の例外とするということ。この矛盾は誰にもわかる。

もう一つ、外国の話。

市内を走るバスは故障車が半数を占め、路線が記されていても路線バスは時刻どおり走っていない。修理する人がいない。いても仕事をしないからである。

市の交通局職員の欠勤率は一〇％以上、昨年は平均十五日に一度ストライキがあり、しかも毎回金曜日。金土日の三連休を作るためのストと市民は非難している。

バスだけでなく市営地下鉄も運転手組合がストを行い、全線マヒ。そのたび利用者は大混乱を引き起こしている。

バスが走らないだけでなく道路は穴だらけで放置されている。ストによる収入減で交通局は大赤字。この現実を改める政治家も行政機関も見当たらない。

これは令和二年、武漢ウイルスの感染者と死者の数で世界を驚かせたイタリアの都市である。かつて大帝国の中心地だったイタリアの首都ローマの実態である。荒田の友人は言う。「イタリアは『労働に基礎を置く国』と憲法でうたっているが、キリスト教を曲解した『労働は悪、人は働かないで休んでいるのが幸福』という思想が根付いている。交通局の職員だけではない。市民みな働かない」

日本はヨーロッパ諸国に見習って休日を増やし労働時間を減らしてきた。国民性や思想が違うのだからヨーロッパ流に合わせる必然性はないのだが、〝何となくそうしたほうがいい〟程度の根拠で労働時間の短縮に努めてきた。

豊かな人生とは労働しなくても生活できる状態、幸福とは長い時間海辺で何もしないでのんびり寝そべっていること。これはイタリア人、フランス人の価値観であり、この〝退屈こそ幸福の極致〟に日本人は賛同できない国民性を備えている。

荒田は頭を使い手足を動かしている時が幸せで、木偶《でく》のようにじっと動かずに寝ているのは不幸だと思っている。

明日でもいい仕事を今日する

荒田は〝予定〟嫌いである。

荒田は労を惜しまず働く。若い頃から仲間が尻込みする仕事を「私がします」と買って出て、どんなに遅くなってもその日のうちに仕上げてしまう。社長が「明日すればいい」と言うと「いえ、やってしまいます、社長、どうぞお帰りください」と言う。

荒田が予定嫌いとはどういうことか。予定がびっしり詰まっている手帖を見せる人がいる。これを自分が重要人物である証明にする。面会を頼むと手帖を開いて「すみません、その日は○○が入ってまして、来週月曜の午前中なら空いているんですが」と多忙な身をひけらかす。

荒田はこういう相手が苦手である。「予定がびっしり」を自慢する心理が解らない。自分なら、予め未来の時間が拘束されている予定表を見て暗澹たる気持ちになる。普通の人は将来の見通しが立たず希望が持てない状況に暗澹となる。これから一ヵ月間何の予定もないなら寂しい。一年間何も決まり事がなければ張り合いがない。荒田は普通ではない。手帖はまっ白、予定表は空白が理想である。雲が重くたち込めた曇天がきらいで、突き抜ける青天が好きなのだ。

明日でもいい仕事を今日中に片付けるのも明日何もないまっ白な状態にしたいための〝努力〟なのだろう。

中央アジアの遊牧民族の間には、「明日すればいいことを今日するな」という格言があるそうである。

一日何もすることがないのは虚しい。明日することがあればそれはイキガイになる。だから今日時間があっても手をつけないでおくこと。朝になってお日様が昇ったら「さあ、やるぞ」と張り切って仕事に取り組むことができる。時間は流れていく。何もあわてることはない。

荒田は明日でもいい仕事を今日している。一日分の仕事は十分して終業後に残った仕事をしている。ともかく明日以降に〝しなければならない〟ことがいろいろぶらさがっているのがうっとおしい。だからできることは今日中にしてしまおうというのである。

現代は貯蓄の対象はお金であるが、昔は食べ物であった。

カラスは余った食べ物を木の高い枝にかくす。野生のリスも木の洞に木の実を蓄える。人も寿命が短い野菜や魚を長持ちさせる工夫をした。大根は干してたくあんに、野菜は塩漬けに、魚はやはり塩漬けにし、干物や燻製にした。今でも農家の土間には漬物樽をずらりと並べている所がある。製作者の主婦は「一年分はある」と胸を張る。

こうした食べ物の貯蓄は、島国の農業漁業中心の民族の知恵である。現在はビン詰め、缶詰め、真空包装、冷凍食品など効果的な保存方法がいろいろあるが、こうしたものがなかった時は芋類は穴を掘って暗い所に置いて長持ちさせるなど知恵を絞った。自給自足しなければ生き続けることができないからである。

これに比べて大陸の遊牧民族、狩猟民族は大地を移動することによって食べ物を獲得する。羊の牧草を求めて移動し、他の地域の富を略奪して生きる。チンギス・カンのモンゴル帝国は遠くヨーロッパまで遠征して略奪を恣《ほしいまま》にした。こうしなければ種族の幸福な生活を維持できないのだから非難はできないが、閉鎖社会の日本民族は食べ物の貯蓄によって明日に備え、平和な生活を維持することができた、世界でも恵まれた民族といえる。

貯蓄は明日のためにする。今日勤勉に働き倹約することによって明日の糧を確保する。

「食べる」は働くためのエネルギーを体に入れること。食べ物（お金も）を蓄えるのは明日の活力、将来の幸福な生活、働けなくなった老後の健康維持のためである。

エネルギーを入れるの反対はエネルギーを出す。明日何もしなくてもいい状態にしておけばエネルギーを出さなくて済む。

明日を空白にしておくことはエネルギーの貯蓄である。もちろん朝がくれば昨日と同じように働いてエネルギーを消費する。しかし特別な予定には特別なエネルギーを使う。予定がなければエネルギーを温存できる。

荒田の予定嫌いは、農耕民族の貯蓄の習性の変形であろう。

一日一日を決裁して未来は空けておく。そうすれば突然何が起きても全力で対応できる。いろいろ予定が詰まっているとその自由がない。予定がないことを喜ぶのは、よりよい仕事をし、よりよく働く心構えから生まれている。

日本固有の思想あり

吉村昭がこう書いている。

「思想とよべるものが日本にあるとしても、それはすべて外来のもので、固有の思想はない。思想のきざす土壌が、貧弱なのだ」（『陸奥撃沈』）

文章は、この貧弱な土壌が〝敗戦〟によって肥沃になる養分を得て、日本にようやく思想らしいものが生まれる得がたい機会が訪れたと言えると期待していたが、思想らしきもののきざす気配はきわめて薄いと続いている。

日本には固有の思想はないと断言する吉村に賛同する人は少なくないだろう。

吉村は平成十八年（二〇〇六）に七十九歳で亡くなっている。三十八歳で『戦艦武蔵』を書いてから重量感のあるドキュメンタリーに近い歴史小説を多作した。

『陸奥撃沈』は昭和五十四年（一九七九）五十二歳の時の作品である。

この一文を山本七平が読んでいたら異議を申し立てていたであろう。昭和五十四年に山本は五十八歳で文筆家として最も脂が乗っている時期だった（平成三年六十九歳没）。

もし読んでいたなら「吉村さん、日本にはルソーやマルクス、ケインズに匹敵する思想家が二人もいるんですよ。近代の日本の資本主義発展の礎となった思想です。この二人がいなければ今の経済大国日本はありません。ここ三百年に亘って日本人の心に深く強い影響を与えてきた思想です」と諭したであろう。

そんな偉大な思想家を学校教育でなぜ教えないのか。

それは明治維新が第一の、そして敗戦が第二の原因である。

明治政府は〝江戸時代の否定〟から出発した。徳川幕府は悪であり、創始者家康はずる賢いたぬきオヤジであり、大老井伊直弼は大悪人、二百六十年間の長きにわたり民は悪政にあえぎ、つねに貧しく冷害や旱魃で米がとれないと飢えて百姓一揆を起こした。江戸時代は暗黒の時代であり、文化は低迷し、どの分野も進歩は見られなかった。よって歴史に名を残す人物は現れず、英雄といえば幕府に弓を引いた大石内蔵助くらいしかいなかった。これが明治の歴史教育。

敗戦後アメリカは日本の戦前の教育を全否定し、また明治以降の天皇中心の政体をぶちこわした。忠義の武士道は自由平等の民主主義に反すると禁止し、一時は時代劇の映画の製作まで禁じた。江戸時代の正当な評価はアメリカによる占領が終わる昭和二十六年（一九五一）を待たねばならなかった。

以後ゆっくりではあるが家康が偉大な政治家であったことが明らかになり、江戸時代が世界でも稀に平和で安全で豊かな社会であったことが認められるようになった。

この時代、その後の明治大正昭和平成の三百数十年間の日本人の心を占めた思想は、江戸時代の初期から中期にかけての二人の思想家、鈴木正三と石田梅岩によって確立された。

この思想「心学」を山本七平は「日本資本主義の原点」と表現しているが、もっと身近な言葉でいえば「日本的経営の柱」であろう。

二人の思想は現代の日本においてあまりにも人々の血液に自然に染み通り、社会常識になっているので、欧米のような論理的思想を頭に描く人には物足りないかもしれない。しかし、思想が先行して社会を作るという事実から言えば、時代を超えて人々を感化し続けてきた二人の思想は〝日本人の精神〟そのものといえる。

会社の存続と繁栄の最大要因

明治以降、大学教授を中心とする学者の多くが、日本の固有の思想を無視した。吉村昭と同じように日本には思想も独自の思想家も全くないかのように振舞った。

哲学は独特な専門用語を駆使した文章で成り立っている。一度読んだだけでは理解できず何度も読み直す。難解であることを有難がる。文章の解釈に終始し、〝思考を深める〟段階に至ることはない。

それに比べ単なる戦国武士の鈴木正三や呉服屋の番頭石田梅岩の文章は、読み書きができる商人や大工、かじやなど誰でもたやすく理解できる。実生活に密着しており、己れの毎日と照らし合わせながら読むことができる。

あまりに当たり前で庶民的で解りやすい思想なので、学者には有難みがない。「こんなものが一流の思想のはずがない」と脇にどけて軽視した。

二人の思想家の思想を一言で言えば「勤勉と倹約が人を幸福にする」である。

勤勉が日本の思想になったのはそう昔のことではない。

応仁の乱（一四六七）以降、長い戦国時代が終焉し、徳川家康は「金一分＝銭一貫文」の貨幣制を敷いた。一貫文は銭千文。金一両は金四分だから銭四千枚に当たる。関西では銀貨が流通した。一分金は銀四朱。一両は十六朱。銀一朱は銭二百五十枚に相当した。

江戸時代の中頃まで、財布にお金を入れて持ち歩くのは旅をする時くらいで、日常生活の必需品はほとんどの人がツケ買いし、ほとんどの商店が掛け売りをしていた。

商品に定価はなく交渉で決まった。同じ商品でもお客によって売り値が異なった。商店にはお客一人ひとりの売掛け台帳が並び、年末など年数回合計金額を請求した。もちろん、落語の「掛け取り」にもある大晦日の借金取り撃退やツケの踏み倒しも少なくなかった。

この信用に成り立つ日常生活に革命を起こしたのが日本橋の三越である。

一六七三年、伊勢(三重県)の三井高利が江戸本町一丁目に呉服店越後屋を出店した。越後屋は他がどこもしていない商売をした。「現金定価販売、必要な分だけの切売り小売り」である。店に来た人にその場で売って代金を払ってもらう。どのお客にも同じ値段で売る。今では当たり前のこうしたことが当時は異端であり、越後屋は同業者から村八分にあい、いやがらせを受けたほどであった。

越後屋の商法が支持を受けるとこれを見習う店があちこちに現れ、人はお金を持って買い物に行くようになり、掛け売り一本の風習は崩れていった。

元禄時代（一六八八〜一七〇四）の頃である。越後屋だけでなく多くの商人が成功して財を成し、栄耀栄華を極めた（井原西鶴の『日本永代蔵』は知恵と才覚で成功したこの時代の町人の事例集である)。社会全体が浮かれて贅沢に走った。

元禄の花嵐が去って、人々が正気に戻ると、大商店の八割は消滅していた。

大阪の呉服屋の番頭をしていた石田梅岩は、この盛衰を身を持って体験し『倹約斉家論』を著した。

その思想はまたたく間に広まり商人だけでなく、職人、農民、武士や女性までが賛同し、また信奉した。

欲望のままに浪費と贅沢をすれば不幸になる。身を慎み、倹約して勤勉に務め、人のために尽くせば幸福な人生を送ることができるという今では常識になっている考え方である。

つまり元禄時代の後から「勤勉」が価値を高め、日本人の精神に定着していったのである。

勤倹貯蓄に回帰する

長時間労働の是正は働き方改革の柱であり、実際に休みが少なく疲労が蓄積している人々にとっては、涙が出るほどありがたい幸福の条件であろう。

これを、時間も仕事量もそれほど過酷とはいえない状態にある人が「そうだ、もっと時間を減らせ！」と呼応するネタにするのは間違いない。ここに問題がある。

休みが少ないうえに毎月百数十時間の残業を二年も三年も続けている人に対しては、待遇の改善が早急になされなければならない。

もしそれほど社員を酷使しているのでなければ、今以上の時間の短縮は必要ない。

特に二十代三十代の若い人を遊ばせてはならない。学ぶ時、鍛えられる時、この時は能力を伸ばして人間を作る時期である。この時期に楽をして逃げる人は四十代五十代に大成することはない。

九州の中堅建設会社（社員二百五十人、年商百億円）の二代目社長から初代創業者の伝記をいただいた。

創業期は金も人もなく、三百六十五日のうち三百六十日働いたと書いてあった。来年六十周年を迎えるというから創業は昭和三十二年（一九五七）で、敗戦後の日本の奇跡の復興が世界を驚かせている頃であった。

当時日本人はこうした起業家だけでなく、大工場の従業員もホワイトカラーもよく働いた。町の八百屋、魚屋は市場の休みが五の日、三の日と決まっていたので、月三日仕入れが休み、仕入れのない日も店は開けており、夫と妻が交代で店に出るので、一人の休日は月一日か二日であった。

日本は津々浦々まで活気に満ち、高度成長の槌音が響いていた。

昭和二十九年まで総理大臣を務めた吉田茂が「この目覚ましい復興がなぜできたか解るか」と側近に聞いた。

「石油や鉄などの資源はないが、日本には無尽蔵の資源がある。それは『勤勉』だ。日本人の勤勉という資源がこの復興をなしとげた」と言ったという。

この話をしてくれた出版社の社長は「勤勉は悪いことだと否定する風潮があるが、そんなことをしていれば日本は潰れてしまうよ」と嘆いていた。

指導者として成功するための条件三。

仕事中心を貫き目的を完遂する。上司が勤勉を率先垂範し、部下に勤勉を求め、勤勉の社風を作る。

四章　少子高齢化時代を乗り切る

青春は四十代からの三十年間

アメリカの詩人サミュエル・ウルマンの晩年の作品「青春」は死後に〝発見〟されて世界に広まった珍しいケースである。

会社の社長室などに岡田義夫訳の「青春」が額に入って飾られているのをよく見る。昔、経営の神様といわれる松下幸之助がこの詩をほめ讃えた。それもあって経営者たちによる「青春の会」の運動まで起き、みなに知られるようになった。

「青春とは人生の或る時期を言うのではなく、心の様相を言う」（岡田義夫訳）で始まり、情熱、意志力、思考力などが青春の証しであると説く教訓詩である。

九十四歳でなくなった松下幸之助は、八十六歳の時に私財七十億円を投じて松下政経塾を作った。国の将来を憂い、国を救わんとする情熱的行動である。

台湾のクラブでホステスたちをキャーキャー笑わせて大声で猥談《わいだん》をする爺さんがいた。そこに居合わせた社長が「あの人誰？」と聞くと「松下幸之助さん、いつもあの調子です」とホステスが言ったという。この話をこの社長から直接聞いたので本当だろう。いくつになっても青春である。

八十歳近くで十七歳の少女に恋してプロポーズしたゲーテや幸之助のように年齢に関係なく、「死ぬまで青春」の人はいる。普通の人は八十、九十になれば心身とも老いる。命の灯はしだいに小さくなっていく。自分が身に付けたものを次世代に引き継いで退場する。これが動植物などの自然界の掟である。九十になってなお〝お盛ん〟な人を見て、真似ようとしても心身が動いてくれないのが普通である。

私はウルマンの説に反対である。私は「青春とは人生の一時期をいう」と断言する。青春時代は決まっているのである。十代後半から二十代ではない。ここはプロのスポーツ選手や一部の天才にとっての青春であって、一般人の青春は四十代から六十代の三十年間である。この時期、心身ともに充実し、いい仕事ができる。人生のピークである。大輪の花が咲く。

この時期に青春を謳歌できない人は若い時に遊んでいた人、怠けていた人、苦労から逃げ回った人である。こうした中に七十過ぎてピークを迎える遅咲きの人もいるが例外といえる。

二十代、三十代は仕事を覚え能力を伸ばす時である。己を鍛える時、学ぶ時である。未熟なのだから上司にどなられても耐えなければならない。無理だと思っても「できない」と逃げてはならない。「私がします」と手を挙げて困難に挑戦する。辛くても泣き言を言わず〝根性〟で乗り切らなければならない。我慢、忍耐、努力の時である。隠忍自重、雌伏の時である。

この蓄えたものが満を持して一気にほとばしり出るのが四十代から六十代である。

「人生の春、青春は十代二十代の頃をいうのではない。知恵も経験も足りない未熟な時代をどうして青春と呼べよう。人が最も力を発揮する時、活力みなぎり大きい仕事を成しとげる時、それは四十代からだ。人によって多少の誤差はあるが大半の人にとって四十代から六十代の三十年が青春だ!」

私ならこう書く。

ウルマンが詩「青春」を書いたのは、七十歳を過ぎてからだという。

退職後、働かない人が迷惑をかける

黙って聞いていた荒田が口をはさんだ。

「ご説ごもっともです。異論ありません。しかし、青春を終わった六十歳以降の高齢者はどうなんです。四人に一人が老人のご時世です。今は老人の生き方が問題なのではないでしょうか」。こう言って話し始めた。

向こうから自転車でやってくるのは〝ちんどん屋〟か。大きい赤と青の水玉模様。ピエロの衣装と思ったらスソが割れており、黄色い細い帯を締めている。ゆかたである。陽が出ていないのに田植えの時の菅笠を被っている。すれちがう一瞬「どや？わし、格好ええやろ」という顔で荒田の目を覗き込んだ。前にもこの目立ちたがりの変なオッサンを見かけたことがあった。

後ろでガチャンと音がした。交差点の真ん中でオッサンが倒れている。スーパーで買ったものが散乱している。信号待ちで荒田も含め多くの人が見ていた。

小さい女の子を連れた主婦が「大丈夫ですか」と言いながら走って駆け寄り、オッサンに手を貸し、散らばったものを拾い集めた。もう一人学生らしい若い男も後から駆けつけて自転車を立て直した。荒田の隣で眺めていた男が「何であんな所を通ったんだろう」と言った。荒田も「おかしいねえ」とつぶやいた。

歩行者のスクランブル交差点なら人はタスキ掛けに渡ることができる。普通の交差点では横断歩道は路と直角になっている。自転車は人同様歩道脇を渡る。しかも四車線二車線の広い交差点である。その真ん中を突っ切って渡っている。

車がみな止まっているから、これ幸いと近道をした。一秒を急ぐ理由があったのか。おそらく停まっている車の運転席を「どや？」と覗き込んでバランスを崩したのだろう。

荒田は、日本人は心がやさしい人が多いと思った。「大丈夫ですか」と子供の手を引いて駆け寄った主婦はやさしい人である。自転車を立てた学生もやさしい。こうした人がいなければ、信号が変わって交差点に入ってきた車は障害物で停止。混乱と渋滞。オッサンのせいで〝事件〟になったであろう。すばやい処理で、渋滞や自動車事故などの事件にならなくてよかったと思った。人助けはその人のためだけでなく、そのまわりにいる多くの人や社会のためになるということを知った。

「で、君は何を言いたいんだ」と荒田に聞いた。

荒田は「老人の甘え、何をしてもいいんだという傍若無人《ぼうじゃくむじん》、わがまま老人がふえていると思いませんか。まわりの人がやさしくしてくれるものだから人に迷惑をかけても改めない。老人がガキ化してしまっています」

老人といっても大半が戦後生まれである。武士道の教育はもとより教育勅語に基づく修身道徳の教育も受けていない。家長（父親）絶対の家族形態で育ってもいない。アメリカ流民主主義教育で育った人である。自由、平等、個人主義の人、言い換えれば差別反対、人権尊重の空気を吸って生きてきた人である。

会社に身を置いていた時は個人の自由が制約されていた。

会社では平等や差別反対といった一般社会の〝常識〟が通用しない。上下関係があり上司は命令し部下は従う。「この仕事はイヤです」と言えば干される。組織では義務と責任が優先し、個人の自由は後ろに引っ込んでいなければならない。

定年退職。個人の意思や希望が後回しにされる会社を離れると、ようやく自由の身。押さえ込まれていた本心が表に出てくる。これがわがまま老人発生の一つの原因である。

荒田は続ける。

「六十、六十五で退職して仕事をしなくなる人が多すぎます。何もすることがないからあんなちんどん屋をするんです。頭と手足がまともならずっと仕事をすればいい。自分のためになり、社会のためになる仕事が、探せばあるはずです」

八十代九十代でも仕事をする

「少子高齢化社会」というが、少子化と高齢化は異なる社会現象であり一緒にすると問題がぼやけて〝どうすれば〟の解答が出てこない。

高齢化は「長寿」の結果で日本は女性も男性も世界でトップクラスの長生き国である。百歳以上の人が全国に七万一千人以上いる。めでたし、めでたしである。定年延長で八十歳九十歳まで働く人が増える。労働力不足を補う最も有力な手段である。

荒田は六十三歳の時に大病を患って死ぬところだった。

それまで病気をしたことがなく、健康診断もろくに受けたことがなかった。スポーツや運動はしなかったが体力には自信があった。走るのは遅いが歩くのは速かった。通勤時はごぼう抜きに人を追い抜いて行った。

仕事は仲間よりもできた。労を惜しまず働いた。上司は荒田の成果に舌を巻き重用した。そのため先輩が「こいつにはかなわない」と何人も辞めた。意図したわけではないが、荒田が蹴落とした構図になった。

大病をしてガクンと体力が落ちた。年年歩くのが遅くなり、今は通勤で女の子にまで抜かれる始末である。

事務所へ向かって道を歩いてくる荒田を見て女子社員が言った。

「あら、よたよたしてる」

「え、あらほんと、どうしたのかしら」

近付いてきた荒田に挨拶して心配気な顔で一人が聞く。

「アラタさん、大丈夫ですか。具合悪いんですか」

「いや、なぜ？」

「ふらふらしているように見えました」

「ははは、元気だよ」

ふらふらしているとは思わないが、ぼんやり歩いていると右側へ寄っていき、意識してまっすぐ歩くよう努めている。「ついに人にも解るようになったか」と荒田は〝老化〟を認めざるを得なかった。

荒田は腰痛、膝痛、肩痛そして頭痛の経験がない。自分より若い仲間が腰痛で動けなくなったり、膝痛でびっこをひいているのを見て、「自分は丈夫だ」と自信を持った。この自信は今も変わらず、今に至るまで腰や膝で悩んだことはない。それが脚力減退でふらふら歩きとは……。

しかし頭と五感は衰えていないので仕事はできる。喜寿の今も、労働時間は短く出勤は少ないが現役である。

荒田の身近にも高齢の現役は少なくない。研修の「危機管理」のセミナー講師青木清は八十二歳、研修の審査部長の太田潤一は八十四歳、荒田の会社の顧客のF社長は八十八歳である。

高齢労働者はその知力体力に合った質量の仕事をすれば、会社に欠かせない戦力になり、また当人にとってこんな幸福なことはない。大手建設会社の常務取締役で六十五歳で定年退職して研修の審査員に再就職した太田潤一は「この仕事（月十日ほど勤務）があることに本当に感謝しています。健康維持には仕事が一番です」と言っている。

ある人が言う。「中小企業庁の資料によれば、七十代の経営者で売り上げ増を達成したのは約一四%だが、三十代では約五一%に跳ね上がるそうだ。やはり会社経営は若い人でないとうまくいかない」

荒田はこの説に反対である。三十年も社長をやり七十になれば会社は安定期に入り、飛行機なら水平飛行。右肩上がりの上昇がなくて当たり前。

創業して十年の三十代社長が売り上げを伸ばすのも当たり前。飛行機なら上昇期である。

成長、発展、繁栄はずっと続くものではない。長い間には安定、衰退、衰亡という時もある。

若い経営者が五年十年で社員が数百人の中堅企業を創る例もあるが、創業して夢叶わず消えていく若者も死屍累々である。よって数少ない成功経営者が売上げを伸ばすのは当たり前で、むしろ七十代経営者の十四%が成長を続けているという事実のほうが評価に値する。

田舎の風景。八十代九十代で畑を耕し野菜を収穫する日焼けした顔の爺さん婆さんを見ると、「えらいな」と頭が下がる。

高齢でも国やまわりの世話にならず自力で生活し、仕事をする人はそれだけで立派であり、技術や知識だけでなく〝人としての生き方〟を次代に遺す教育者である。

定年制度は足止め策として設けられた

村の渡しの船頭さんは
今年六十のお爺さん
年を取ってもお船を漕ぐときは
元気いっぱい艪がしなる
それぎっちらぎっちらぎっちらこ
（童謡「船頭さん」一番）

昭和十六年（一九四一）に戦意高揚のために作られた歌である。船は軍馬を運んだ。六十のお爺さんもお国のために働いているぞ、若いみんなも見習ってしっかり励めよ。

現在の日本人の平均寿命は八十歳を超えており、百歳以上の人が十万人に迫る勢いである。調査を始めた五十年前の昭和三十八年（一九六三）はわずか一五三人だった。この歌ができた昭和十六年には全国に一人か二人しかいなかったろう。

戦前の平均寿命は五十歳程度であり、六十歳は長生きの部類に入り、呼称はまさしくお爺さんお婆さんだった。よって六十歳の人が現役で働いていることは稀であり、いるとすればこの船頭さんのように六十過ぎで働く人は目立つ人だった。

長い間日本の会社の定年は五十五歳であった。それが六十歳になり最近六十五歳に変える所も増えてきている。

定年制度は明治時代に軍需工場や商船会社で始められた。それは「社員は五十五歳まで働いてもらわなくては困る」という規定であった。

当時の平均寿命は四十五歳くらいで、五十五歳まで働いてくれというのは死ぬまでと同義であり、仕事に習熟した熟練工員や社員の「隠居」したがる気持ちを抑えるのが目的であった。武士も商人も農民も四十歳を過ぎたら次代に家督を譲って隠居するのが江戸時代からの風習であり、会社に勤める社員も一年でも早く第一線から身を引いてのんびり暮すのが望ましい人生と思っていた。

定年制は辞めたがる熟練社員を囲い込む策として広がっていったのである。

それが足切り策、つまり本人がまだ仕事をする気があるのに強制退職させる規則に変わったのはここ数十年のことである。

平均寿命が八十歳を超えた現在、ようやく定年を六十五歳に延長しだしている。まだなまぬるい。最近、デジタル家電販売大手の（株）ノジマが「八十歳まで働こう（雇用する）」と発表してニュースになった（令和二年七月）。変化に対応するこの大胆な対応を見習おう。

定年制が足切り策として機能したのは、若い社員がどんどん入ってきて活発に仕事をし、会社の柱となっていくうえで、中高年社員が上に澱《よど》んで、若者の働きにマイナスの影響を与え、しかも高給を食んで会社の利益を減らす存在になったからである。

会社は社員の平均年齢が若いほうがよいとされ、平均年齢が四十五歳といった会社は活力のない先が暗いところと見做された。

まだ十分働けるのに五十五歳で定年退職……。これはこれでよかった。十分な退職金をいただき〝苦しいお務め〟を終えてようやく自由の身、したいと思っていた趣味に時間とエネルギーを投入して第二の人生を謳歌しよう……。実際こんな明るい気分で余生を楽しんだ人は少なくない。

社会が変わった。日本人が長生きになった。子供が少なくなり人口の大量減少が確実に予測されている。この大変化に対応していかなくてはならない。

これからは〝定年なし〟が標準

若年労働者の減少、これは国家の大事である。働き方改革は残業時間など問題にしないで、三十年後の労働人口の極端な減少に対する策を考えなければならない。

女性の社会進出はほぼ全開し、もはや〝いまだ埋もれた宝の山〟ではなくなった。子育ての終わる前から職場復帰する女性を社会は自然な姿と受けとめるようになっている。女子力はもはや働き方改革の主題にはならない。

外国人労働者の受け入れ口が広がりつつある。今は小川程度だがやがて大河となり濁流となって日本はアメリカやヨーロッパと同じ移民国家になる。被害甚大な大洪水にしないためには小川のまま入口を狭くしておくほうがいいと思う。

残るは定年廃止により〝老人力〟の活用である。

年をとれば心身が衰える。

七十八歳の幹部社員（取締役部長）が、「きのうの朝食、何を食べたか思い出せない。目が悪くなって小さい字が見にくい。読むのがつらい、潮時だと思う。会社を辞めたい」と言ってきた。

こんな申し出に応じてはならない。記憶力が衰え、目や耳が老化するのは当たり前。それが大きいミス、大損失につながるなら辞意を受け入れてもいいが、「その可能性があるので」くらいではうなずいてはならない。

かつてプレイングマネージャーの女性営業課長が地方のお客様に翌日また同じ内容の電話をかけてクレームになったことがある。

荒田は電話で謝った。「八十歳で少しボケが出ていましてすみません」

「えっ八十！　声が若いし話がしっかりしているので私より下の五十前だと思っていました。八十じゃ仕方ないわね、ほほほ、お大事に」と女性の社長は許してくれた。

朝一番に出社して飽くことなく電話をかけ、また周囲に話しかけて明るい雰囲気を作る課長だった。そのクレームから一ヵ月後、自宅で急死。前日まで出勤してお喋りしていた。

こんな体験をしているので、経験を積んでいる老齢社員は死ぬまで働いてもらおうと思っている。本人にその気がなければ、「家に引きこもったら一気にヨボヨボになってダメになってしまうぞ」と脅して説得して踏みとどまらせるのである。

日本の会社は人間修行の場であると同時に、仕事を通じ、あるいは同じ仲間を通じて社員に「生きがい」を与える場である。仕事があること、仕事をすることは社員の幸福の一つ、長い人生の中の大きい幸福の一つであろう。

定年制を発生時に戻って「足止め策」にする。

「八十でも九十でも働ける間は働いてください。正社員のままで、です。どうぞ年金はもらってください。勤務時間や勤務日数は当然減って結構。もちろん仕事の成果は減少していきますからそれに応じて給料も減ります。体が丈夫で頭がちゃんとしている限り、会社はあなたを歓迎します、百歳社員に挑戦してください！」

少子化の流れは止められない

高齢化と反対に少子化はいいことがない。

何でも自由の個人尊重社会の行きつく先に「結婚しない」「子供を産まない」人ばかりになり〝少子化〟というゴールがある。

平成十七年日本の人口が初めて減少し、それ以後人口減少が続いている。

人口減少がゆるやかなのは高齢者の増加による。生まれる人が年年減っているが死ぬ人も減っているので、極端な減少になっていないということである。

少子化が社会のニュースになったのは平成元年。この年の出産率は一・五七。その後やや回復するが二・〇以上に回復することはなかった。

出産適齢期の十八〜三十九歳の女性の絶対数が減っている。この年齢の女性が毎年二十五万人ずつ減っているという。人口の増加はもとより維持も不可能。減る一方であり現在一億二千六百万人が、五十年後には八千万人台になり百年後には半数の六千万人台になると推計されている。

おそらく人口問題研究所の推計どおりになるだろう。

また現在の高齢者は長生きだが、今の若い人がこの人たちと同じように八十歳九十歳まで生きるとは限らない。飽食の時代の無菌培養のガラスの部屋で育ってきた人だから、病気や衰弱で早死にする可能性が高い。よって人口減少はより速度を速める。

少子化は、女性が子供を生まなくなったからであり、夫婦が三人四人の子を育てる気力体力がないからであり、男も女も結婚しなくなったからである。

これは地震や洪水の災害よりも国力を損なう大問題である。

この原因は価値観にある。自然を敬い自然の秩序に従うことを辞めて、自由や個人尊重を第一位とし正義、清潔、快楽を第二位とする民主的意識を柱とする価値観を身につけたためである。

男女平等、女性の権利の向上、女性の社会進出歓迎、これを男女共同参画社会基本法（平成十一年〈一九九九〉制定）が推進し、仕事をし、酒を飲み、賭博をする快楽志向の女性を大量に作り出した。それが結婚せず、しても子を生まず、生んでも自分の手で育てない母親を作り出した。

国策で〝不自然な女性〟を作り出した。自然を畏れず、自然の秩序というたがを自ら外した人を作り出した。出産報奨金、子供手当、保育所幼稚園、学校教育費の無償化と、政府は「どうか子を産んでください」とお願いしているが、笛吹けど踊らず。出産適齢期の女性は東京ドームのライブコンサートには何万人も押しよせるが結婚出産は遊びや仕事の次くらいの〝第三の道〟くらいに思っているようだ。

動物も植物も食物などが豊富で環境がいいと繁殖する。天敵がいなければ飽和点まで増える。モーリシャス島のブタ鳥（ドードー）は人間が上陸しなければ滅びなかった。ブタ鳥はあまりにも幸せが続いたので飛べなくなり逃げる力をなくしており、棍棒で殴り殺され、人間に食われた。繁殖しすぎた動植物は自らの退化と劣化で生きる力をなくして、人間のような敵が現れなくても最後は自らの排泄物の毒で滅びる。

日本はこの道を歩いている。

人口の東京圏（東京、神奈川、千葉、埼玉）一極集中も快楽志向の一端である。

転入者から転出者を引いた超過人数は東京圏が十四万人、大阪、名古屋、福岡などは二〜三千人に過ぎず、全国から東京圏へ人が集まっている。それも十代から三十代の若い人が大半である。

〝東京へ行けば仕事があり楽しく暮らせる〟が移転の動機である。

結婚して子を産んで、お金の苦労をして育児に疲れ果てて——こんな楽しくない将来は想像もしたくない。「今日楽しければそれでいい」である。転入者は友だちや恋人は求めても、結婚相手を求めて東京へ来るわけではない。

「地方に魅力を！　若者が去らない地方、若者が戻ってくる地方に」と言う人がいるが、人も金もなく、山川の自然しかない田舎を東京並みの〝快楽都市〟に変えるのは不可能である。

実情に即した生産年齢人口を

冒頭に挙げた「生産年齢人口」を考えてみよう。

荒田が中学三年生だった昭和三十年（一九五五）、東京でも六〇％が中卒で就職した。三年の終わり頃は進学組と就職組が妙によそよそしくなり教室に殺伐とした空気が流れていたのを覚えている。

東京が六〇%で全国平均は八〇%以上。十五歳が生産年齢の入口だった。

東北の中卒男女が〝金の卵〟ともてはやされて集団で上野駅に降り立ったのはこの頃からである。日本の高度成長は昭和三十年代から始まったが、それを支えたのが十五歳からの若年労働者である。

高度成長は昭和四十八年(一九七三)の第一次オイルショックによって終焉する。この高度成長と並行して高校進学率、大学進学率が急上昇し、昭和四十八年の高校進学率は八九・四%、大学進学率も三〇%強になっている。そして現在は高校が九八・四四%、大学が六〇%。

生産年齢人口を十五歳からとしたのは、第一次オイルショックのずっと前、昭和四十年代後半にはもう終わっていた。

労働人口が二十年後六千二百万人に減ると計算しているが、二十年後も現在と同じ七千五百万人とする方法がある。

それは大学進学者、高校進学者を半分に減らす。大学と高校の半数を閉鎖する。十五歳の中卒で大半が社会人になった七十年前に戻すのだ。

大学高校を出ても仕事ができる人にはなれない。大半の仕事は読み書き計算の基礎力を身につけた中卒十五歳でできるようになれる。

十五歳で仕事に就く人が増えれば労働人口は飛躍的に上昇する。十五歳で十分会社に勤められる。なぜなら十八歳の高卒、二十二歳の大卒と体力も人間のデキも仕事の基礎能力も大差ないからである。

現在会社は高卒、大卒の新入社員にしつけ教育と読み書き計算の再教育を行っている。高校大学に行く資格のない人が三年から七年遊んでいるだけである。大学生の半数、高校生の半数はいたずらに年月を浪費しているだけである。

今は学校より会社のほうが人間教育はうまい。十五歳で入社して仕事の技術と社会人としての適性を〝仕事を通じて〟短期間で身につけさせることができる。

会社は中卒者の待遇をよくして入社を歓迎する仕組みを作る。

本人と親の抵抗があるが、早く社会に出たほうが本人のためになること、豊かな人生を送ることができることを、会社は実例で示して解らせる。

日本で学歴がものを言うのは官僚や公務員、それに一部大企業のみ。日本は学歴社会ではなく実力主義の公平な社会である。中卒で仕事ができて知識教養人格を備えた優れた人間性の持ち主なら高収入と高い地位を得ることができる。

日本の生産年齢人口を「十五歳から八十歳未満」に変えるのである。

自立する体験を積まなければ

十五歳で仕事をするには〝条件〟がある。

怠け者とは仕事をしない人だが、経営者は怠け者よりも「仕事ができない人」の増加が深刻だと言う。働き方改革もパワハラ法も移民政策もみな仕事ができない人に標準を合わせている。

仕事ができない人が過労自殺し、仕事ができない人がパワハラを訴えている。その「仕事ができない人」を責めずに、その人を救うため、まともにやっている周囲の人に「お前たち、だめじゃないか、しっかりせい！」と国のトップが叱りつけている。

仕事ができない人とは一言でいえば〝遅い人〟である。

スーパーのレジ係でも単純な組み立て作業でも遅い人がいる。急がせると間違える。仕事ができる人とは頭脳労働でも肉体労働でも速く正確にできる人。

焼き立てパンで有名なP社の社長が嘆いていた。「パン作りは手作業が多いが、今の若い人は遅い。私たちが現場にいた頃はたとえば一分で三十個作ってそのスピードを競争したが、今は一分で十個も作れない。訓練しても変わらない。やってみせてもマネできない。急がせると不良品の山。全員ではないが遅い人が目立ってきている。この人に合わせたら労働時間は三倍になる」

P社社長は「家庭での子供の育て方に問題があると思う」とつけ加えた。

仕事ができる、できないは雑用をさせてみると判る。掃除で雑巾がけをさせる。できる人は雑巾をキュッと絞って机の上を拭き、雑巾を濯いでまた絞って机の下にもぐり込んで床を拭く。できない人は雑巾をつまんでつっ立っている。

記憶力一辺倒の勉強と手足を使う用事をしなくなったことが仕事ができない人を生んでいる。思い当ることがある。

銭湯で脱衣場へ出る時、体を拭かないと怒られた。水が垂れて床がびしょびしょになってしまうからである。子供は小さいタオルで体や手足、尻や腋《わき》の下までよく拭くことを習慣にした。

どこの家も内風呂になり、親は子供が一人で風呂に入れるようになったことを喜び、出てくると大きいバスタオルを頭からかぶせて体を拭いてやる。子供は左右向くだけで何もしない……。自分の手で自分の体を拭く子はいなくなった。研修施設で小中学生が入った後の脱衣場が水びたしになっているのを見て確信した。

家庭教育は子供に〝自立〟への道筋をつけてやることである。ひとつがしつけで、もうひとつが何でも自分でする体験。片付けと掃除、台所の手伝いや庭の手入れ。ナイフで鉛筆を削る。どうすればうまく削れるか試行錯誤を繰り返す。かつて日本の子供の大半がそろばんの玉をはじいた。

飽食の時代、極楽の国。機械と道具が用事はすべて行い、残りは親がやってしまう。子供は頭を使うことなく、手足も使うことなく、回転しない頭と不器用な手足のまま大人になる。

労働力不足を乗り切るのに中卒で仕事に就く人を増やす。そのため家庭や学校そして地域社会、そして会社に〝仕事ができる人を育成する〟ことが求められる。これが生産年齢十五歳からの条件である。

人が来ないと嘆いている社長は、採用の条件を大胆に変えるといい。「中卒入社大歓迎、初任給は大卒高卒と変わりません。当社は能力実力主義で学歴はほとんど評価しません。しかし勉強したい人のために入社後、高校、大学の卒業資格を得る教育制度を設けています」。

指導者として成功するための条件四。

少子高齢化を肯定し、〝チャンス〟に変える。

五章　共に悩み共に喜ぶ〝同士〟を求める

面接で聞いてはならないこと

事務所の掲示板に「STOP！　違反質問！」の貼り紙。聞けば「ハローワークでもらったんです」と女性社員が言う。

採用に携わる社長や人事の担当者は熟知のことだろうが、長らく採用面接から離れている者には新鮮でありかつオドロキだった。

タイトルの下に

「家族構成は？（兄弟は？）　お父さんの仕事は何ですか？　お母さんは働いていますか？　出身地はどこですか？　尊敬する人は誰ですか？　どんな本を読んでいますか？　――どうしてそんなこと聞くの？――　応募者の適性・能力に関係のない質問は違反です」とある。

その下に都内高校生（平成三十年三月卒業）の採用面接における不適正質問の円グラフがあり、都内高校から返答があった不適正質問の％がそれぞれ「家族構成三八・五％」「家族の職業一九・六％」と表示されている。

「違反質問をしない『公正な採用選考システムの確立』をお願いいたします」と締め

くくっている。

驚いたと言うと荒田は「え、これはもう常識ですよ」と笑った。

三十年前の平成の初め頃、荒田は研修講師をしていた。研修生の十八歳の女性社員数名と食堂で昼食をとっていた。

この子達の親は自分より若いんだろうなと感慨深かった。

隣の子に「田中さん、お父さんはいくつ？」と聞いた。田中は「えっ」と言って固まった。「年齢ですよ」と追うと「そんなこと、関係ないでしょ」と冷たく言い放った。

会話は途切れた。気まずい空気。田中は仲間と話したが荒田を無視した。

荒田は後に知った。就職する人は学校で「家族のことなど聞かれたら答えなくていい」と教えられている。面接時でなくてもプライバシーに関しては答える必要がないことを学んでいる。年齢を聞いた荒田が間違いで田中は正しいのである。

「三十年以上前から応募者の家族について知りたかったら興信所に頼んで調べてもらうしかなかった。平成十五年（二〇〇五）に個人情報保護法が施行されてから違反質問は、重い場合六ヵ月以下の懲役または三〇万円以下の罰金が科せられることになり一層徹底されたんです」と荒田。

貼り紙の裏面には「就職差別につながるおそれがある十四事項」があり表面の詳細

が記されている。

末尾に「お問い合わせはハローワークと東京都労働局へ」とあった。

「面接は何のためにするんだ」と聞くと、荒田は、

「応募者にどういう会社かよく理解してもらうためと、応募者が会社にとって欲しい人か、適した人かを見極めるためです」

「こんなに聞いていけないことがあればどういう人か解らないじゃないか」

「そうですね、顔を見て判断するしかない。身元調査の実施も禁止されているので、知りたければ内緒でもぐりの秘密探偵社に調べてもらうしかない」と荒田。

労働三法が果たしたすばらしい役割

地方の高校教師から手紙をもらった。

「あなたは労働組合が嫌いなようだが、労働三法が果たした役割をご存じだろうか。あなたは労働三法や労働局を明確に知らずに話しているように思う」

荒田は指摘されたとおり、労働三法の成り立ちとその果たした役割について知らなかったので調べてみた。

労働三法は戦後すぐ制定された。労働組合法昭和二十年、労働関係調整法昭和二十一年、労働基準法（この年、厚生省から独立して労働省ができた）昭和二十二年。十一月の憲法制定より、労働法のほうが早かったのである。

労働三法は憲法同様、アメリカ主導のGHQ（連合軍総司令部）の指令で労働委員会が作られ、GHQ内の共産党員と日本共産党幹部、徳田球一等が中心になって労働組合法を作り、同じく共産党の志賀義雄等が中心となって労働基準法を作った。

アメリカはなぜ労働法の制定を急いだのか。目的は財閥解体や農地解放と同じ。日本の国力を弱くして二度と歯向かえなくするためである。富と権力を分散させて個人個人をばらばらにすれば大きい力は発揮できない。

それには労働者に経営者と対等の権利を与え、労働者が経営者と敵対する関係を作ればいい。企業に労働組合を作らせて育て、労働者の味方である共産党を応援し、労働省を設立し組合活動をバックアップする。この目論見は見事成功し、激しい労働争議が全国に発生し、企業の力、経営者の力は衰えた。

昭和二十五年、朝鮮戦争勃発。アメリカは方向転換した。それまで味方の顔をしていたソ連が敵であることがはっきりした。アメリカはレッド・パージ（赤追放）を行った。アメリカの政治の中枢に多くの共産主義者が巣食っていたがことごとく弾圧され、逃亡したり投獄されたりした。

昭和二十七年、アメリカの占領統治は終わった。しかし思想と言論の自由という民主主義をバックに、日本の共産主義思想は一大勢力に成長した。

大学はマルクス・レーニンを教え、小中学校教師の労働組合である日教組、国鉄（現JR）や大企業の労働組合が強力となり、労働者の権利獲得と地位の向上は著しい成果を上げげた。「楽な仕事をしてたくさん金をもらう」労働者意識が世論となり常識となり、正論となった。

高校教師の言うとおり労働三法の果たした役割は大きかった。かつて日本人が持っていた「労を惜しまず、まじめに働けば幸せになる」という勤勉思想の影が薄くなった。働くこと、学ぶことの価値がこれほど低くなり、楽をすること、遊ぶことの価値がこれほど高くなったことは日本のどの時代にもなかった。

だから共産党員の高校教師が荒田の言説に不愉快を覚えて抗議の手紙をよこすのは驚くようなことではない。むしろ荒田のほうが〝変な考え方の奴〟なのである。

役所の言うとおりにすれば会社は潰れる

印刷の救急工場、年中無休、二十四時間サービス体制を謳って成長している関西の総合印刷会社の社長が言っていた。

毎年、労働基準監督署に「ちょっと来い」と呼びつけられる。データを示して、「労働時間を減らせ」と勧告される。反発すると「法律違反だ、社名を公表するぞ、もっと重い処分もあるぞ」と脅される。社長は頭を下げ、改善することを約束して帰ってくる。

工場で働いている社員は時間など気にしていない。気にしているのは製品の仕上がりと納期である。

会社は仕事が込む時と空く時がある。込む時は全員が休日返上で夜中まで働く。空いた時まとめて休暇を与えて埋め合わせする。これは農民も商人も昔から〝常識〟として行っている。繁忙期は休まず働く。閑期は骨を休める。人間だけでなく自然界の生き物はみな同様に行動している。

役所はこの自然界の摂理を「ケシカラン」と言って禁止する。弱い立場の社員を会社は無理やり働かせている、会社の横暴を監視して社員を保護してあげなければならない――。この役所は「労働者を資本家の虐待から保護する」「労働者の幸福を守る」という古びた旗を、今なお振りかざしている。

現厚生労働省は働くことが嫌いな人を何とか仕事につかせようと努力しているが、仕事は賃金を得るために仕方なしにするものという考え方を改めていない。世界でもトップクラスの〝労働時間が少ない国〟にして、その上サービス残業を調べて「その分お金を払いなさい、今後規定以上に働かせてはなりません」と指導し、「会社のために働かない人」を増産してきた。

また労働基準監督署から呼び出し。いつものお説教。社長はたまりかねて言った。

「解りました。明日からあなたの言うとおりにします。その代わり、私どもに代わってあなたがお客様の注文に応えてください。納期どおりに仕上げてください！」

「できるならあなたの言うとおりにしたい。しかし、あなたの言うとおりにしたら会社は潰れます。百人近い社員が路頭に迷います。失業します。失業者を減らすのがお宅の仕事でしょ」と社長は追い打ちをかけた。役人は何も答えず帰って行った。

「ところがです」と社長。「役人はプライドが高いから、うちを懲らしめなければ気がすまなかったのでしょう。会社のアラを捜し出して報復する機会を狙っていたようです。今度は入社試験の問題に文句を言ってきました」

「靖国神社」を入社試験に出した会社

労働基準監督署に呼び出されると、どこから手に入れたのか会社の入社試験の用紙を出して「これは問題です」と言う。採用試験で「総理大臣が八月十五日に靖国神社に参拝しないことをどう思うか」という問題を出した。

「何がいけないのか」社長が問うと、係員は「会社は昨年も同様の問題を出題している。労働局から見直しを指導するように言われたので」と答えた。

社長はこれが「労働時間」事件に対する仕返しだと解っていたが、「監督署の指導は本来の労働行政から著しく逸脱している。人材を採用しようとする企業の努力に水を差すものだ」と抗議した。係員は「こうした問題は二度と出さないでください」と言うばかりだった。

社長は知り合いの新聞記者に顛末を語った。記者は取材して記事にした。その記事で地元の労働局の課長は「靖国神社参拝を強制することは、受験者の思想・信条の自由を侵しかねない。会社の業種ともまったく関係なく、日中問題がクローズアップされている時期でもある」と弁明した。この記事を読んだ人々から新聞社と役所に抗議の電話が殺到した——。

この出来事から感じたことが三つある。

① 「靖国参拝」の記述問題を見て応募者は戸惑ったであろう。答えるのが難しい問題である。高校三年生で説明できる人は稀である。白紙の人が多いであろう。

それでもいい。学校は「この会社の社員になるには、靖国神社についての問題が出るから勉強しておけ」と応募する学生に教えるであろう。

自分の国に誇りを持ち、先人祖先を尊敬する人でなければ会社の人材にはなれない。人と力を合わせ、時には自分を犠牲にしても尽くすような立派な大人にはなれない。いま、それを求めるのは無理でも、少なくとも過去の日本の歴史について考える頭を持っている人でなければ、入社後、教育が困難である。同じ意識、同じ価値観を持つ人でなければ、これから長い年月一緒に仕事をしていくことはできない。

社長はこのように考える人である。

どうすれば人材を育てることができるか。これを突き詰めて考えていくと、このような試験問題に行き着く。人材獲得に真剣な証拠である。

「鬼ごっこする者、この指とまれ」が採用試験

② これに対する労働局の課長の言い分は「受験者の思想・信条の自由を侵しかねない」である。受験者がどう書こうがかまわない。まったく自由である。あなたの思想・信条を自由にお書きなさいという問題である。

「日中問題がクローズアップされている時期でもある」と言う。靖国参拝という用語が中国を刺激するからこの言葉を使うのは自重してくれ、と言っている。労働局とはどこの国の役所か。誰のための役所か。いつのまにか日本人ではない人にこの役所は占領されてしまっているのか。

思想、信仰の自由は基本的人権である。どんな思想を持とうと、どんな宗教を信じようと自由である。

日本ではこの人権はほぼ守られている。宗教活動は自由だし、反国家の言論活動をしても思想犯として獄につながれることはない。誰も差別されたり迫害されてはいない。

しかし会社は目的達成のための組織である。目的達成に有害な人を好んで入

れる理由はない。たとえば断食日や断食月に働かないイスラム教徒が会社の社員として不適格なら採用しない。

学生はどこの会社を選ぶのも自由である。会社は「鬼ごっこする者、この指とまれ」と叫ぶ。鬼ごっこをしたくなければ学生はその会社に入らなければいい。もし「鬼ごっこ」したいと指にとまったなら、鬼ごっこをしなければならない。鬼ごっこのルールを守り、一緒にする人と足並みを揃えなければならない。

本当に「鬼ごっこ」をする気があるのかどうかを知るために入社試験を行う。会社は採用を真剣に行わないと後で悔やむことになることを体験から知っている。半年、一年後に解雇しようとしても難しい。解雇して裁判を起こされ負けて大金を払わされた。外部の労働組合のプロが乗り込んできて会社を荒らし、長期にわたって仕事ができなかった。こうした体験から採用には慎重になる。「靖国神社」についての試験問題は、会社のこうした事情から出されたものである。

労働局や監督署は労働者のための役所だから、労働者の味方。よって会社は敵という固定観念を持っている。この固定観念に従って会社を指導する。本心は会社に対して「人間を差別することになるから、入社試験などするな」と指導したいのだろう。

時代遅れの古い価値観を持つ人が勝つ

③　この社長は気骨があるから、監督署や労働局の指導をはねつけた。一般的に会社は役所に弱い。「労働時間が長すぎる」と指導されると「善処します」と頭を下げる。

陰で「繁忙期に働いてもらわなければ追いつかない。閑期に休ませている。といっても監督署は了承しない。毎年指導に来る。やってられないよ」とグチを言う。

この弱腰が会社の力を弱くしている。労働基準監督署にいくらいい顔をしたって会社の業績はよくならない。会社が潰れても監督署は責任を取ってくれない。「納期までに納めないで客が注文を断ったらあなたが弁償してくれるのか」くらいは言ってよい。

これに対してある社長は「時代が違うんだよ」と諫めてくれた。「言ってもしょうがないだろう。時代の流れを止めたり変えたりはできないんだから」。「長いものには巻かれよ」ということである。

ここ一年の間に親しい知人の会社が労使関係悪化（労働者と経営者の対立抗争）により三社倒産した。荒田は「時代が違う」などと言ってはいられないと思った。

今、大事なのは時代に合わせることではない。

時代に迎合せず、時代に逆らっても生き残る道を行くことである。「時代遅れ」といわれ「古い」といわれてもよい。時代遅れと古い考えを頑固に押し通していく社長が勝つ。

労働行政に反発する社長の総合印刷会社の社員はよく働く。朝早くから夜遅くまで仕事をしている。それが社風になっているので、労働者意識の強い社員は一人もいない。入社してこないし、入社してもすぐ辞めてしまう。

ではこの会社の社員は不満たらたらで暗い顔をしているか。

反対である。明るい笑顔で働いている。会社に誇りを持ち、仕事に打ち込んでいる。心身健康でみな若々しい。向上心があり、お互いに触発しあい競い合っている。

社員は有給休暇の残日数やサービス残業の時間のことなど考えたことがない。頭の中は仕事やお客様のことでいっぱいである。当然高い成果が上がるから給料賞与は他社よりずっといい。

優良企業とは社員に労働者意識を持たせない指導者がいる会社である。

人間扱いされなかった無宿人

吉村昭の妻、津村節子の代表作『海鳴』は佐渡の金山の深い坑の底に溜まる地下水を桶に汲んで地上へ運び上げる〝水替人夫〟の直吉と、金山景気に涌く金山町の歓楽街の女郎〝はな〟の悲惨な一生を書いた小説。

小説ではあるが津村は雑誌連載時、毎月のように佐渡を訪れ、現地を見、資料を集め、郷土の歴史研究家や古老の話を聞いた。金山労働者や坑内の描写、はなが働く町の料理屋の様子は、当時を彷彿とさせる。

貧困の極みにあるばかりか、奴隷さながらに身柄を拘束されており、年季明けといった未来は全く期待できない。二十歳前後の男と女がその環境から逃げ出すこともできず、心身ぼろぼろになり、海鳴りのする崖から身を投げて心中する……。

社会の最下層の労働者が雇用主から一人前の人間として扱われない不幸を書いた作品の一つである。「女工哀史」にはじまり、小林多喜二の「蟹工船」を代表とするプロレタリア文学の流れに入る。

労働時間の短縮や同一労働同一賃金といった〝働き方改革法〟は、こうした弱い立場の労働者の地位と生活を国策によって向上させるのが目的である。

〝安い給料でこき使われる〟労働者には有難い話である。直吉やはなも江戸時代ではなく現代ならもう少しましな人生を送ることができたに違いない。

税金を払う人が増えれば国は豊かになる。財政が豊かになればそれを安全と平和に投入できるし、貧しい人を救うこともできる。現在の日本は富める国、豊かな国でこれを文字通り行うことができている世界でも数少ない国である。

こんな『働かなくても食える』極楽のような国になったのはここ四十年ほど前からで、それ以前はどの時代もお金が足りず、安全は保障されず貧しい人の救済もできなかった。

江戸時代、治安はよかったが、その治安は武力と厳罰主義で人を恐れ従わせて得たものだった。また仕事のない貧しい人を救う思想がなかったしお金もなかった。

衣食住にはお金がいる。お金がなければ橋の下で寝て、むしろを着て物乞いするしかない。人のものを盗むしかない。直吉はこうした状況に置かれていた。地方の貧しい農家の次男坊以下はみなこうした状況下にあり、実家では食わせてもらえないので職を求めて都市へ出る。職人の技術もないので仕事がない。このような無宿人が町にあふれ、風紀を乱し、治安を乱していた。

国は〝住みよい社会〟を守るため、直吉のような無宿の若者を集めて佐渡金山へ送った――。

現在の弱者優遇国に至る歴史

今から百余年前、増え続ける人口（人の口と書くのは言いえて妙である）を食わせるため日本は欧米に追随して植民地獲得に邁進した。中国各地に租界（自治権を持つ居留地）を設け、また満州国を設立し延べ百万人の軍人、民間人を移住させた。

満州国は昭和七年（一九三二）建国、昭和二十年（一九四五）春までの十三年間、日本の余剰人口の健全な受け皿として機能した。

昭和二十年の敗戦により海外の権益地を全て失い、樺太や北方四島など従来の領土まで奪われ、そうした地に居た日本人二百万人が全て本土に戻ってきた。しかし、アメリカ軍、ソ連軍による残虐な攻撃により兵隊はもとより民間人も含めて三百万人以上が死亡し、人口増加には至らなかった。海外進出と戦争が余剰人口問題を解決した。一時的に――。減少した分は戦後すぐ増加に転ずる……。

それは昭和二十二年から二十四年にかけて、まだアメリカに占領されている状態で、収入は少なく食い物も不十分な中で始まった。荒田は米の飯も肉も口にできない極貧の家で育った。にもかかわらず荒田の弟は昭和二十二年、妹は二十四年に生まれている。これが団塊の世代といわれる〝ベビーブーム〟である。

やがて道路などのインフラの整備とビル、住宅の建設ブームが起き、頭脳も技術も縁故も持たない軍隊帰りのまじめな人の多くが〝土方〟になった。この現場労働者の働きで廃墟は甦っていく。

土方は二五四（ニコヨン）と呼ばれた。建設業者に対して土方の日給は最低二五四円を支払えと国が命じた（この最低賃金指定は以来ずっと続いており、令和二年時点での東京都の時給は一〇一三円である）。

建設労働者の雇用主は、仕事があるだけで有難いと思っている土方の賃金を勝手に決めた。あくどい業者は一日一〇〇円しか払わず、イヤなら辞めろ、代わりはいくらでもいると言った。

労働三法により労働組合が結成され、繊維などの大企業の従業員はストライキによって〃労働者の権利〃を手に入れた。それに比べ、労働組合の組合員にもなれない日雇いの土方は佐渡金山の水替人夫直吉ほどではないが最下層の弱者だった。

日本の弱者は他国の弱者より格段に恵まれている。低所得者、老人、子供、障害者などを社会的弱者というが、日本はホームレスでも病気になれば救急車で運ばれ、病院のベッドで死ぬことができる。

日本では個人は強くなくても生きていける。福祉国家であり弱者保護大国である。学校の授業料もタダになった。国民が働かなくても生きられる国を目指しているようだ。

税金の多くが福祉と生活保護などの弱者救済に投じられている。選挙の候補者は弱者優遇を実現しますと訴えて票にしている。いいことである。

会社が頑張り、いい政治が行われ国が豊かだからできるのだが、この道をこのまま行けば強い人、有能な人、貢献する人がいなくなる……。

もやしを日向に置けばしなびる。もやしを救え、太陽が悪い、太陽をなくせ！　優しい心の人がこう叫んでいる。

以上が弱者優遇に至る歴史である。

就職実現具体策は成功するか

令和元年七月、内閣府は四〇～六四歳のひきこもり（ニート族）が全国で六一万三千人いるとの推計値を発表。前回調査で一五～三九歳のひきこもりが五四万一千人いると発表しており、合算すると全体で現在百万人以上が自宅にひきこもっていることになる。

このうち平成五年から十六年頃に社会人になった世代を「就職氷河期世代」と名付け、国が集中的に支援する模様である。

この世代はバブル崩壊後の景気悪化でいい就職先がなく、就職してもうまくいかず退職してひきこもりになった人が多い。

総理大臣は「本格的な支援策の早急な検討」を指示し、厚労省は「就職実現総合プラン（仮称）」を提案。具体策として、専門ハローワークの設置、職業訓練や学び直しの充実、この世代のひきこもりを積極採用する会社への助成金支給要件緩和などをあげている。

ひきこもりになったきっかけは「退職」「人間関係」「病気」「職場になじめなかった」などがあげられているが、これをまとめると「社員として会社に勤めることができなかった」になる。

就職氷河期でも就職先はいくらでもあった。給与などの条件が十分でない中小企業はこの時期も人不足だったし、きれいで楽な仕事でなければ就職は可能だった。

家庭で大事に育てられ学校のゆとり教育で甘やかされ、社会はバブル経済で絶好調。日本中が浮かれていた。こうした環境と時代に育った人は「上下関係がある厳しい組織」を嫌った。自分はもっと大事にされるべき存在なのに、一方的に仕事を命じられ、細かいことを注意され叱られた。上司先輩との〝人間関係〟に悩み、〝病気〟になり三ヵ月、半年で退職して「もう会社はこりごり」と自宅の自室にひきこもった。ひきこもりの七〇％は寄食者つまり両親などに食わせてもらっている。

政府はこのままにしておくと生活保護受給者が爆発的に増えて財政負担が大変だから、その対策として「働いてもらう支援をする」のだと理由付けをしているが、現在でも生活保護を受けている不適格者は多数いる。生活保護の受給資格を厳格にすればいいことで、問題の焦点を無理に合わせようとしているとしか思えない。

厚労省の「就職実現具体策」は画餅に帰すだろう。

十年二十年一度も就職しようとしなかった人がハローワークの専門窓口に自ら足を運ぶとは考えられない。まわりにうながされて窓口に行った人がいる。「説教された。二度と行かない」と怒って帰ってきた。働けるのに十年も働かないのだから説教されるのは当然である。その説教がいやで逃げてくるのである。

仕事の技術を身につける職業訓練学校に自らの意思で通う人が何人いるか。会社は仕事ができる人なら助成金などなくても喜んで採用するが、長年自宅にひきこもり家族ともろくに口をきかない人の中に職業人として務まる人が何人いるか。

人手不足に泣く中小企業の社長は「ニートでもいい。応募してくれれば採用する。採用して社内で教育して鍛え直す」と言う。この自信と覚悟は立派である。しかしこの会社に面接に来る人は何年たってもひとりもいないだろう。

会社は怠け者と遊び人を嫌う

日本の会社は〝家〟から発生している。親兄弟や近親が集まって家業に精を出す。人手が足りなくなって近所の他人を入れる。家族の一員として遇される。

会社は社員とその家族の幸福を最優先事項に掲げる。決められた給料を決められた日にきちんと支払うのが会社の最低の義務。これが行われないと社員の生活が破綻する。これが行われないと社員は会社に忠誠を尽くせないし、仕事に身が入らない。

会社は社員を終身雇用し、会社を永続させるために、次の時代を背負う若い人を教育する。会社はまさに「生きかはり死にかはりして打つ田かな」（村上鬼城）であり、社員にとって有難いものでこそあれ、決して敵や悪者ではない。

この日本的美点を労働局は軽視し、会社に向けて〝労働者の権利〟を声高に求めた。その声に押されていつしか社員も「私の自由、私のプライバシーを尊重しろ」と主張するようになった。

こうして時は流れ、件の「ＳＴＯＰ！　違反質問！」の紙が会社の中に貼られるようになった。

会社は新しい人、これからずっと苦楽を共にする家族の一員を迎えるにあたり、その人の生まれ育ちすなわち家族構成や家庭環境、両親がどんな人かを知る必要がある。誰を尊敬しているのか、どんな本を読んできたか、感銘を受けた作品は何かを聞かなければならない。

会社には伝統と文化があり、理念信条がある。それに共鳴する人か、反発する人か見極めなければならない。これから何十年も一緒に仕事をしていく仲間なのである。

面接で質問し質問を受けてお互いを知り、お互いが合否の判断をする。応募者も会社の人がどんな人かを知って仲間になるかどうかを決める。

この面接で応募者は何を聞いてもいいが、会社はこれこれは聞いてはならないという。これこそ労働局の常套句の〝就職差別〟ではないか。

ここで会社は安易に膝を屈してはならない。社員の「何でも自由」や「仕事より私生活」という風潮に一緒に流されてはいけない。

家族の一員である社員の幸福のために、仕事ができる人に育てあげる。

仕事ができない人は会社にとって困った存在である。

仕事ができるとは①理解力表現力（話す聞く読む書くなどの基礎能力）②体力③精神力（忍耐、勇気など）④5S（整理、整頓、清掃、清潔、しつけ）⑤社会性（義理人情、マナーを守るなど）が身についている人で、できない人はこれらのどれかが欠けている人である。

採用の段階で面接などでこれを調べるが、出身校や専門知識などを重視し、大事なものを軽く見るので、会社のお荷物になる困った人がまぎれ込む。

仕事ができない人が厳しい指導を受けるのは当たり前。上司は部下育成の義務があり、この任務を忠実に果たそうとすれば、劣る部下を叱りつけるのは当り前。

学校でも家庭でも叱られたことが一度もない新入社員が、新人研修を終え、お客様扱いが終わり、〝戦力〟の位置に立たされた時、叱られると「人格を否定されたような」屈辱を感じて精神を病む。心が動転して平常の気持ちでいられなくなる。一層仕事ができなくなる。もともと精神が鍛えられていないので我慢ができない。会社を恨んで辞めるしか道がない。

社長は言う。

「一人前の社会人、仕事で会社に貢献できる社員に育てようと指導したら、親と弁護士がその責任を会社と上司に被せる。社員が病気になったら、すべて会社と上司が悪いと見做されるようになりました。採用面接でこれから長い時間共に悩み共に喜ぶ〝同志〟を見つけ出すことがますます大事になります」

指導者として成功するための条件五。

採用面接は結婚のお見合い同様、お互いがお互いをよく知り合う場である。社員は共に戦う同志である。それを見極めるための面接を重視して工夫する。

六章　いじめと一線を画した指導育成を

「報告なし」で寿命を縮めた社長

平成の三十年間はコミュニケーション革命の時代であった。

携帯電話が普及しスマートフォンに進化し、メールによる伝達が当たり前になり、ラインやツイッターといった複数の人に同時に意見を伝え、複数の人から返事を受け取ることができるようになった。

この革命は今後さらに加速する。減速や衰退は考えられない。小学校ではパソコン教育と並行して児童にスマートフォンを持たせることが実現しつつある。

「もし今ならば、鶴間社長はもっと健全な明るい経営ができたろうな」と荒田は思った。

今はケータイ報告だが、平成十年以前の報告は対面か黒電話か手紙に限られた。

荒田は長い間、鶴間社長の自宅に通勤した。教材の原稿書きや商品のパンフレット作りを社長と二人で行った。幹部社員は他にもいるが社長は荒田を頼りにし、つねに側に置いた。

教材が完成し、それを本社ではなく新設の子会社が販売することになった。荒田がその新会社の責任者に任命された。本社から経理の女性一名と営業一名が派遣され、三名でスタート。人の採用から始めた。

滑り出し順調。商品の力もあり、一年で十五人、二年でパート社員を含めて三十人の規模になり、本社と並ぶ売上げを上げた。

社長の自宅で仕事をしたと言ったが、社長は対人恐怖症で精神を病んでおり、荒田の事務所や本社に顔を出すことは絶えてなかった。五年前に発症して以来、近所の散歩はするが会社へは通勤しなかった。一日の大半を電話をかけ電話報告を受けることに費やした。

荒田の抜擢が成功したことに社長は満足した。それを感じて荒田は緩んだ。夕方の毎日の業務報告はするが、それ以外の報告を怠るようになった。

夏、土日一泊二日で潮干狩りをした。希望者のみの参加だが十数名が参加。交通費は自分持ちだが民宿の宿泊食費は会社の経費で落とした。社長には土日の潮干狩りも会社のお金を使うことも言わなかった。社長は参加するはずがないし、休日を使った慰安旅行だから許可を得るまでもないと思った。

しばらくしてこの件が社長の耳に入り（社員の誰かが密告した）、社長から荒田の自宅に電話。荒田は六ヵ月間一〇％減俸の処罰を申し渡された。罰は厳しすぎると思ったが、社長に隠して勝手なことをした後ろめたい気持ちがあったので謝り、始末書も提出した。

　腹心の背反に社長は悲しかったであろう。それ以降社長の猜疑心が一層強くなったと荒田は思ったが、実は社長の猜疑心はずっと前から強かった。本社の部課長は社長の細かい追求に泣かされていた。

　電話報告をすると粗探しのような質問をされる。答えられないと「えっ、どうなんだ！」と迫られる。受話器を握りしめて脂汗をかく……。

　一人の課長は「報告がなっていない。一日五〇回報告しろ」と命じられた。

　荒田はこの話を聞いて思わず「本当か」と聞いた。一日五〇回なら一時間に六回、十分に一回。十分に一回何を電話報告するのか。課長は気が狂うのではないか、五〇回電話を受ける社長も大変だ、この命令は教育のために見えるが課長を潰すのが目的ではないか。

　ある部長は「英会話研修」開設のためロサンゼルスに視察出張した。荒田は「一週間くらいの出張で何がわかる。むだなことだ。部長はよくやっているのでご褒美のボーナス旅行というところか」と思った。

　成田空港に戻った部長が社長に電話を入れると、「お前、何しに行ったんだ！」といきなり怒鳴りつけられた。一言答えると弾が百発飛んできた。一方的なハイテンションの剣幕が三十分間続いた。

当時国際電話料金は高く、アメリカは三分まで三千二百四十円、十分で一万円を超えた。それにコネもツテもない出張である。観光旅行と変わりない。報告する中身がなかった。戻ってからまとめて報告すればいいと思っていた。社長の癇癪玉が破裂した。

部長はこの電話で精神が壊れしばらくして退職した。

無断社員旅行以降、荒田にも風当りが強くなった。神経が太い（鈍感な）荒田はめげなかったが、同僚や先輩幹部はことごとく社長に責め殺されて去っていった。

それは会社にとって不幸であり、当然社長にもいいことはなかった。鈍感な荒田も二十年勤めた会社に見切りをつけた。

「報告や指示がどこに居てもすぐに自在にできる今だったら、社長はあんなに社員を疑いギリギリと怒り狂うことはなかった。会社と自身の寿命を短くしなくてすんだろう」と荒田は思った。

幹部の〝反会社〟〝反社長〟の言動

電話での社長の訊問や責めに荒田など幹部は辟易したが、離れて鳥瞰《ちょうかん》すれば社長の癇癪よりも幹部の言動により大きい問題がある。

社長と幹部の意識（価値観）のズレはどこの会社にもある。そのため社長は幹部の意識向上のための教育に力を入れる。会議などで自分の考えを話し、理解と同調を求める。外部研修に派遣して変化成長を期待する。

しかし社長と離れた所にいる営業所長や工場長などには社長の意思が届きにくい。荒田のように社長のそばにいた者も一旦離れると時間とともに自分のやり方考え方を出してくる。

幹部がしてはならいのはつぎの三点。

①幹部が独走する

事前に承認を得ずに自分の考えで行う。部門を任せているが、社長と違うやり方、反対のやり方で仕事を進めていいわけがない。

荒田は決算書の数字を操作して二百万円の黒字を五十万円の赤字に変えたことがあ

る。税金を払いたくなかったからである。それを知った社長は「なぜそんなことをする。勝手なことをするな！」と怒った。

②幹部が失敗を隠す

「失敗しました」と正直に報告すれば社長は許し、一緒に対策を考える。責任を追及されるのが恐くて報告しない。また失敗でない形に捏造《ねつぞう》する。糊塗《こと》する。こうしてその場逃れをし、逃げ切れるケースは少ない。いずれ発覚する。その幹部に対する社長の不信感は永久に消えない。

③幹部が社長の悪口を言う。

部下やお客様にグチをこぼし社長の言動を批判する。これを聞かされた部下やお客様はその幹部に同情することはあっても尊敬することはない。女々しい人だと軽蔑する。もしそれが社長の耳に入り、事実だと解ればその幹部は左遷降格リストに載る。

この三つ以外にも、経営の基本方針に従わない幹部、新しいことに反対し、それが失敗に終わることを願い、難しい仕事や危機から逃げる幹部、部下の味方になり労働組合の代表のような発言をする幹部は許せない。

いじめと上司の指導の考え方

アメリカの大企業に勤めていた日本人の女性が「会社は社員教育を全くしてくれない。上司は何も教えてくれない。これが当たり前です」と言っていた。配置換えになった時、上司は異動辞令をポンと渡すだけで「ご苦労様」も「頑張れ」もない。自分は嫌われているのかと思った。引き継ぎが一切なく、新しい部門でも上司は仕事の仕方の詳しい説明はしてくれなかった。質問しても迷惑そうに最低限答えるだけ。女性はせっかく入った高収入の会社を一年足らずで辞めて日本へ戻ってきた。

逆もある。やはりアメリカの会社。上司が休んだ部下の仕事を進めた。そうしないと自分の仕事ができないので困るからである。部下は「私の仕事を奪った」と裁判所に訴えた。

確かに労働契約に部下の職務職責が明記されており、たとえ上司でもその部下の同意なくその仕事をしてはならないことになっている。よって裁判は部下が勝った。会社は部下に謝罪金を払い上司を譴責《けんせき》処分にした。

上司も部下も決められたことだけをし、それ以外のことはしない。もし部下が決められたことをしなければ処罰すれば済む。考えてみればこのほうが気が楽である。部下は上司に気を遣わなくていいし、上司も部下の努力や意欲を心配することはない。仕事の結果だけ見て評価すればいい。

おそらく日本に進出している外資系の会社でも同様なことが行われているのだろう。

日本の会社は違う。特に中小企業では上司と部下は〝人間〟として向き合っている。礼儀など上下のけじめがある。忠誠心、連帯感、遠慮やライバル意識、体面とメンツといった古くからの日本人の習性も生きている。好き嫌いの感情や尊敬軽蔑といった心の中まで関わっている。

アメリカ流をクールとすれば日本流はあたたかい。アメリカ流は契約とルール一辺倒だが日本流は無駄が多く面倒くさい。しかし日本の会社では、一見仕事と関係なく見える人間的部分が実は仕事を円滑に進め、仕事の成果を上げる大事な要素になっている。

能力主義の会社では人格に大きい問題があっても上司が務まる。日本の一般の会社では上司は能力以上に〝人間性〟が優れていることが求められる。

部下の指導、管理、統率は技術的能力だけでは十分ではない。

部下は自分の上司をつねに「人間としてどうか」を値踏みして向き合っている。軽蔑する人の言うことは聞かないし、身を入れて仕事をしない。

学校の運動部はコーチが部員を指導できなくなった。殴る、胸ぐらをつかむなどの暴力はもちろん、練習メニューを行わない者や指示に従わない者に対する「帰れ！」「辞めちまえ！」など精神を叩き直す〝暴言〟も許されない。未熟な部員の自主性のほうが尊重されるので、チームはお遊びクラブになりはてる。

ＰＴＡ、学校、マスコミが部員の肩を持ちコーチを犯罪者扱いした。熱血指導の監督コーチは絶滅した。

会社も同じ。令和四年四月から中小企業で施行の「パワハラ防止法」では「重大な問題行動に対して一定程度強く注意する」行為はパワハラに該当しないとしている。しかし部下が「〝一定程度〟を越えて叱られた」と訴えれば労働基準監督署はそれを認め上司の反論は聞かない。

上司は部下指導を止めて、アメリカ流のクールな上司になるか、部下に阿《おもね》る卑屈な上司になるかどちらしかないのかもしれない。

軽蔑される人がいじめられる

学校で生徒が先生をいじめるケースがあるように、会社にも部下が上司をいじめるケースがある。

部下の上司いじめは陰湿である。挨拶の仕方やちょっとした態度表情に「あなたを上司として認めていない」ことを発信する。上司の指示は「はい、かしこまりました」と素直に受けるが、指示どおりにしない。だらだら行う。間違える、遅れる、それを報告しない……。

上司は部下の反抗をうすうす感じてはいるが、正面から追及できない。「あいつは私を軽く見ているのではないか」とうじうじ思い悩んでいる。「嫌われているようだ、信頼されていないようだ」と暗い気持ちになっている。上司としてのプライドがずたずたになる。

このように部下にいじめられる上司はまだ救いがある。部下の完全な友だちや仲間になって会社や社長を攻撃する人よりはマシだからである。自分は「上に立つ人だ」という自覚があるからである。

では部下はなぜこの上司をいじめるのか。いじめられ上司の大半がその原因を把握していない。

原因は上司の人間性である。人格、人間力という人もいる。部下だけでなく他人から信頼され尊敬される人間性がない。人から軽蔑され嫌悪される人間性の持ち主。仕事の能力や技術ではなく、〝人間のデキ〟である。上に立つ人としてふさわしい人間かどうかである。

軽蔑する人に人は近寄らない。関わりを持ちたくないと思っている。その人が自分の上司ならその人にとって小さくない人生の不幸である。距離をとりたいが上司だからそれができない。そのため、「本当はあなたの顔もみたくないんだ」という気持ちを態度のはしばしに表して抵抗する。これが部下による上司いじめの実情である。

優れた人間性の上司は、部下育成を任務と心得ており、注意する、叱る、認める、ほめるを適宜行っている。人を見る目があり適正な評価をする。仕事の技術以外でも知識教養人格面で社会から〝立派な人〟と認められている。

いじめられ上司は、自分の欠点を知って矯正し、自己啓発によって視野を広め歴史観を養い、上に立つ資格を備えない限り、部下の軽蔑は消せない。

いじめ調査の意味は

二十年前から文科省と教育委員会は学校での〝いじめ調査〟に精を出している。中学生七人が一人の生徒をいじめて体育館でマットに巻いて逆さ吊りにして窒息死させた事件があった後からである。

今年のいじめ認知件数は三二万三八〇八件で去年より一〇万件近く増えたそうだ。小学校約二八万件（前年度一五万件）中学校七万件（六万件）高校一万三千件（一万三千件）。

小学校が圧倒的に多いのはアンケートで、けんか、ふざけ合い、悪口、冷やかし、中傷などをすべて〝いじめ〟に入れたからである。

アンケートを無記名で行う学校が多いので、子供は何でもかでもいじめとして書き、教師がそれをそのままいじめ件数に入れているからである。

子供は大きい子が小さい子を、強い子が弱い子を支配する。支配とは服従させ言うことを聞かせることである。これをすべていじめに入れたから三〇万件を超えた。文科省や学校は膨大な時間とエネルギーを投じていじめ調査を続けている。教育者が子供の本能的〝世界〟を否定して新しい秩序を作るつもりでいる。

最近中学校で教師が生徒を大声で叱るなど厳しく指導したため自殺した子がいた。子が「先生にいじめられたから死ぬ」と言っていたということで世間は教師を悪人と見做しているが、教師本人の言い分や他の生徒、他の教師の見方を加えて判断すると、教師が「いじめ殺した」とは言い切れない。

教師が生徒をいじめるケースは稀である。殴れば暴力教師として追放され、生徒が鼻血でも出せば犯罪者にされる。生徒を厳しく叱ることも許されなくなりつつある。むしろ生徒が教師をいじめるケースが多い。福岡の高校で生徒が教師の尻を足で蹴っている動画が流れてニュースになった。もし生徒がスマホで動画を配信しなければ、このいじめは世に出ない。教師は耐える、黙って我慢する。このように生徒にいじめられて精神を病んでいる教師は想像以上に多いのではないだろうか。

平成三十年度の児童生徒の自殺者は三三二人、うちいじめが原因の自殺は一〇人。大半はいじめ以外の理由で死んでいる。

自分を鍛えていじめた相手に勝つ

荒田は小学校の時は近所のガキ大将だったが、勉強中心の中学生になり、三年になってからいじめられるようになった。

クラスの男子の中で二番目に小さく、運動が苦手でマラソンは中位だったが、短距離走はいつもビリのほうだった。

一番小さい子は全くいじめられず二番目の荒田がいじめられた。それは勉強ができたからである。クラスで一、二番、学年三百名中いつも十番以内。クラスの級長や学年委員に選ばれたこともある。

いじめるのはゴンとセイスケ。ゴンは学年で一番の短距離選手。体格はがっちりしてたくましかった。ほとんどが麦めし、芋めしの弁当あるいは貧しくて昼抜きの子もいる中でゴンはいつも銀しゃりの大きい弁当箱を開けていた。セイスケはませた女好きの不良でけんかが強かった。二人とも勉強はできないほうだった。

ゴンは校庭の塀の陰に荒田を呼び出して威張り散らし威嚇した。級長を支配していることに快感を覚えているようだった。

セイスケは女の子の家に荒田を連れて行き、女の子と大人びた口をきいて、もじもじしている荒田をせせら笑った。他のクラスの男子と取っ組み合いのけんかをしてケガをさせて勇名をはせた。荒田もよく腕をねじられ、プロレスの技をかけられた。

ゴンは商業高校に行きいじめは終わった。セイスケは工業高校に行ってからも荒田の自宅を訪れて遊びに連れ出した。荒田はいやだったが遊びにつき合った。荒田が大学に入ってからもセイスケは荒田を誘った。勤めているので金を持っており、いつも飲み食いの代金はセイスケが払った。これで荒田は完全に支配された。

荒田は柔道を習い、初段の先輩を背負い投げで投げとばした。体も人並みに大きくなり自信がついた。

ある夜、誘い出されて、「お前のようなガキは」とセイスケが高飛車に服従を強いた。荒田は胸ぐらをつかんで腰車で投げ飛ばした。

セイスケはしばらく路上でのびていたが、立ち上がって「お前、強くなったな」と言った。これでセイスケのいじめは終わった。家に呼びにくることもなくなった。

二人のいじめっ子、ゴンは五十で早世した。セイスケは六十で糖尿病が悪化して松葉杖で歩いていた。七十を過ぎた今でも荒田は二人をいい奴だったとは思えない。

いじめられていやな思いをしたが、荒田は死にたいと思ったことはない。親や教師に訴えたこともない。小さくて非力な自分が強くなるしかないと思っていた。長い人生のためには弱い自分を鍛えていじめる相手に勝つしかないことが解っていたからである。

叱られて会社を辞めようとした村田君の場合

駅から会社までの送迎バス。決まったメンバーに新入社員が加わってにぎやかである。スマホの着信メロディーが鳴った。

バス中に響く大きい音。「村田です。はい、六時過ぎには大丈夫だと思います。はい、わかりました」。言語明瞭な新入社員、村田君の声。

後方に座っている管理職らしい人が「車内で電話なんかするな。あほか」と怒鳴った。村田君はうつむき青ざめた。怒られたショックは大きく、出社して席に着いてからも引きずっている。

課長が「どこか具合悪いか」と聞いた。

「いえ」と答えたが憂鬱《ゆううつ》は去らない。

村田は女々しい男ではない。体は頑健である。もし全く知らない人に怒られたら、反撃はしないまでも「何を！」と相手を睨みつけたであろう。同じ会社の人に言われたから反抗できなかった。「すみません」と謝ればよかったが村田の心は縮み切っていてその余裕がなかった。

今まで親や学校の先生、アルバイト先の店長からも怒鳴られたことは一度もない。「あほ」と侮辱されたこともない。電車の中でスマホで話をしていても注意されたことはなかった。

入社してまだ一ヵ月も経っていない。

夜、母親に「会社を辞めようと思う」と打ち明けた。人前で怒鳴りつけられて傷ついた話をした。

パート勤めをしている母親が言った。「康太、いい会社に入ったね。今は悪いところを注意してくれる人いないから。あなただって言われれば直すでしょ。ありがたいと思わなきゃ」

昔は子供が人に迷惑をかけることをすれば大人が叱った。大声で「こら、そんなことをしちゃだめだ！」と怒鳴られた。子供はうるさいじいさんにまた怒られるのではないかとびくびくした。こわいじいさんの前ではしおらしくした。

社会でしてはいけないことを近所の他人が教えた。今は子供を叱る人はいない。親も先生も叱らない。そのため村田のように社会人になっても道徳や公徳心（社会の秩序を守る）が欠けたままの人が増えている。

どんなに自分が悪くても他人から注意されると「うるさい」「関係ないだろ」と攻撃する。〝自分が一番偉い〟から人の言うことなど聞かない。言われると殴りかかる〝切れる〟人が増えた。

会社において上司、先輩が新人を指導するのは当然。このことは誰も疑わないことだったが今は違う。注意する、叱るによる厳しい指導をしてはならない。心を傷つける叱り方はいけない。おだやかに、ソフトに、なごやかに、やわらかく……。

村田は母親の助言で立ち直った。上司や先輩に注意されると「ありがとうございます」と頭を下げることができる社員になった。

これは稀な例で、多くは〝被害者〟が会社や上司を悪人として訴えるケースになっている。

部下指導が許されない時代

ある社長の話。

「それってパワハラでは?」あるいは「それパワハラですよね」と言ってくる社員が十人に二人はいる。厳しい研修には参加しない。

社長が「みんな出ているんだから」と下手に出て諭すと「パワハラ研修に出ろと命じるのもパワハラになるのでは」と怯まない。「五年前にはこんな社員はいなかった」と社長は言う。そして「仕方ない」と折れる。

お局《つぼね》さんから「おんなは女性蔑視の差別語だからつかわないでください。『人』『女性』と言ってください」と抗議をされれば頭を下げて従う。

女性社員が上司から厳しいことを言われて泣き、日報に「心が壊れる」と書くと社長は女性社員の肩を持ち、上司をたしなめる。〝パワハラブラック企業〟と言われるのが恐いのだ。

労働基準監督署や県労働局に総合労働相談コーナーが設けられている。

平成十三年(二〇〇一)、「パワーハラスメント」という言葉が生まれた。当時相談コーナーに持ち込まれた案件の一位は三万件以上が「解雇」に関するものであった。パワハラは六千六百件。

それなのに平成三十年度は、パワハラ八万三千件と当初の十倍以上に増え、堂々のトップ。実はこの五年前からパワハラが相談件数のトップになり、年々増加の一途をたどっている。

必要以上に叱責された。怒声をあびせられた。人格を傷つけるいやみを言われた。私用の使い走りをさせられた。一方的に恫喝された。「いやなら辞めろ！」と言われた。「何度言ったら解るんだ。お前はばかか」と言われた。「終業後に上司に飲みに誘われた。それを断ったら冷たい態度でろくに口をきいてくれなくなった」……。

相談の内容は様様だが、係員が会社に出向いて「こういう相談があったが事実か」と事情聴取を行い、事実であれば会社に是正の指導をする。パワハラ会社は労働基準監督署が頻繁に〝指導〟に訪れる。あるいは改善の報告に定期的に役所に出向く。会社のイメージが悪くなるだけでなく、社員の意欲の低下を招き、それが業績悪化につながる。

現在五〇％以上の会社が大なり小なり、パワハラの防止対策に取り組んでいる。「パワハラごときに臆することなく厳しく部下を指導せよ」という強気の会社は少数派になった。

ある社長は管理者に「叱り方に注意してくれ。大声で叱りつけるのは内容がどうあれパワハラになる。パワハラを容認する会社は生き残れない」と言った。

上司の暴言などのパワハラ防止の社内規定を設けている大企業が五六％もあるそうである。「このような言動はパワハラになる」と具体例をあげて上司に警告を発している。中小企業経営者も神経質になっている。

会社は軍隊に似た組織。軍隊は武力で敵に勝つことを目的としている。そのため敵を殺す。殺人が奨励されるのは軍隊だけである。

軍隊が一般社会の常識と、かけ離れた常識で運営されているのと同様、会社にも平等や個人の自由といった社会常識とは違う常識がある。そこには上下関係、命令報告があり、優劣ははっきりと差をつける、そして存続のための次世代の指導育成がある。この会社の骨格を崩せば会社は生き残れない。

このことを心底理解しているはずの社長が自信をなくしつつある。

落度がない部下をいじめる、静かに注意すればいいことを罵倒して部下を傷つける。こうした上司はパワハラで罰せられて当然。しかし厳しく叱られたというだけで、また上から目線で高圧的に言われたというだけで「パワハラだ」と訴えるのは違う。この「違う！」の声が届かなくなった。

指導者が〝指導できない〟時代が来た。「相手のいいところを認めなさい、ほめなさい。それで十分です。相手の欠点を指摘したり叱ったりしてはなりません。それは相手の心を傷つけ、人格を損ないます」

社員の怠慢、反抗、狼藉、不遜、命令拒否、報告なし、規則違反……。上司はこれらを放任して知らん顔をしていても許される時代になった。

いや、部下に言うべきことを言わない上司が〝優秀な上司〟になったのである。

十年二十年後の人材を育てる

個人がいつでもその場で受信発信できる携帯電話の普及で報告の問題は解決した。と言いたいところだが、まだ未解決な点がある。

たとえば荒田が勤めていた会社の社長は今なら報告がないこと、報告が遅いことにイライラすることがなくなるから精神が安定して明るくなるだろうと言ったが、報告する側が社長への報告を嫌がり三回を一回にし、報告量を半分にすれば事態は変わらない。

社長はやはり苛立って「どうなっている」と電話をかけてくる。幹部が仕事中で電話に出られないと苛立ちはさらに募る。幹部は訪問先を辞して外に出るとすぐ社長に電話を入れる。社長はつい語気が荒くなる。単なる指示が怒鳴りつける声になる。幹部は社長がますます嫌になる。

報告はお互いの信頼関係があればスイスイ往来する。それがなければ音声であれメールであれ、やはり報告は遅れ、歪められ、悪いところを隠して飾られたものになる。適切な報告は仕事を円滑に進めるための手段である。手段であるからこれがいくら完璧でも仕事の成果が上がるとは限らない。

仕事をするのは人間。最後は社長と幹部の人間としての器量で決まる。携帯電話やスマホがコミュニケーションの革命を起こしたと初めに述べたが、この道具を使う人間のデキが悪ければ革命にはならない。「人間性の向上」という土台なくして問題解決はない。今こそ人を動かす立場の人は特に、下から支持され信頼される〝豊かな人間性〟が求められる。

親は家の後継ぎを作るため、また一人前の社会人として暮らしていける人になってもらうため、子供を育てる。しつけをし、物の見方考え方（価値観）を教える。行動で示し、話して聞かせる。どこへ出しても恥ずかしくない人に育てるのは親の義務である。このまま放っておけば子が悪い道へ入っていくとわかれば、親は命をかけて子を諭し正す。言うことをきかなければ体罰を加える。泣く子を家の外に出して中に入れない。折檻は昔から親の子供に対する矯正教育法であった。

社長は中間管理者、部下を持つ上司に多くを期待している。次の世代を人材に育ててほしいと願っている。上司はこの期待に応えるために部下育成に努めている……。「パワハラになるので部下は叱りません」と言う課長に「うん」とうなずく社長。課長は「もう部下育成なんてしないほうがいいんだ」と一層、部下を放置するだろう。

だが部下育成を放棄すれば困るのは上司自身である。人に頼られることなく親しみを寄せられることのない寂しい、虚しい人生が待っているだけなのだ。

会社の部長課長といった上司は部下育成を任務としている。これからの会社を担う人材になってもらうため、教え、注意し叱る。よいところは認めほめる。日常のこうした行為によって部下は学び反省し一段一段成長する。

どこの国でもどの時代でも優れた上司は部下の言動に関心を持ち、部下の心に肉迫した。部下は「うるさい」「こわい」とその上司を煙たがるが、後になって「自分をここまで育ててくれたのは、あのうるさい課長だった」と気が付き感謝する。

人は叱られて育つのだ。

指導者として成功するための条件六。

部下育成という任務を放棄してはならない。反感を買うと解っていても言うべきことははっきり言う。

七章　節義を重んじ信念を貫く

優良企業を攻撃する女性新聞記者

地方の大手建設会社。

現場で中型クレーンが倒れた。用心はしていたが台風のせいで倒れてしまった。クレーンの先が隣家の塀をかすった。傷はなくケガ人はなく他の被害もなかった。社長は報告を聞いて胸をなでおろし、さっそくその家に社員を謝罪に行かせた。

翌朝、地方紙Mの一面に倒れたクレーンの写真が大きく載った。題は「台風の傷跡」。社名と社長名が記されていた。台風の傷跡なら社名などいらないのではと社長は思った。

その日の午後、M紙の女性記者Mさんが取材に来た。総務部に来たが社長が会った。

「予測できたのでは」

「危険なのだから人を張りつかせるべきだったのでは」

「現場の管理監督がゆるんでいるのではないか」

まるで刑事が犯罪者を訊問するような態度である。M記者の目には険があった。「大変な事件を起こした」と非難する目であった。

社長は事実を丁寧に話した。感情的にならないよう努めた。

翌朝また一面に大きく「ずさんな管理、安全軽視、Y社のクレーン倒壊事故」の記事が載った。塀をかすった家人の「もう少しで死ぬところだったと思うとゾッとする」という声。最後に「これからは一層〝安全〟に力を入れます」という社長談があったが、社長が話したことは歪められて書かれていた。

その翌日から三日間上中下の三回「建設現場の事故と安全」の特集が組まれた。Y社のクレーン事故が下敷きになっており、随所で比較例として引用されていた。

Y社は上場企業で県でも名の通った会社である。社員の質は高く、全社で整理整頓清潔清掃に取り組み、事務所や庭だけでなく町の道路や公園まで社員が清掃している。町の評判はよく、近くにY社があることを誇りにしている。

にもかかわらずM紙はいつもY社を悪く報道した。他の会社も悪く書かれたが、Y社が特に目立った。恨みでもあるかのように小さい疵《きず》を大きく報じた。

会社で講演に招いた硬派のジャーナリストS女史にこのことを話すと、S女史は社長にこう言った。

「政府、警察、企業を権力の三城と見做す新聞が多い。この城を攻撃すれば読者が喜ぶと思っている。企業を悪く言い、いい所は知らん顔したり小さく報道したりします。

Ａ紙、Ｍ紙、地方紙大手のＴ紙、Ａ紙に比べるとＭ紙は小新聞社ですがなかなか骨のある反政府、反企業のメディアです」

ある時、社長は隣町の介護老人ホームのオープニングセレモニーに招待された。

隣町は貧しく自力で施設が造れなかった。知り合いだった町長がＹ社社長に助けを求めた。土地は町が都合したが、建物からベッドなどの設備の大部分をＹ社が無償で提供した。

町長がお礼の言葉を述べ、Ｙ社長に感謝状を贈った。

パーティーになって多くの人がＹ社長に慰労とお祝いの挨拶に来た。

ふっと見るとマスコミ関係者の中にＭ紙のＭ記者がいた。

Ｍ記者はＹ社長を一瞥して目を逸らした。何度か会っているのに挨拶に来ない。お祝いの言葉もない。

Ｙ社が世の中のためになる「いいこと」をするなんて、Ｍ記者は信じられないし許せなかったのだろう。

「うちだけでなく会社は、〝会社は悪〟という固定観念を武器に攻撃してくる新聞社と余計な戦いをしていかなくてはならないんです」とＹ社長は苦笑した。

おごりと怠慢が不祥事の原因

不祥事は「人と組織」の宿命である。マスコミは連日のごとく会社の製品の偽造、文書改ざんなどの不正を報じている。

この不正に共通する動機は「より多く儲けるため」であり「この程度のごまかしは製品の質や安全性に問題はない。ばれる恐れはない」という会社の〝おごり〟にある。会社の不正報道を知っても荒田は「またか」と思うだけで通り過ぎてきたが、印象に残る「おごり不正」が一つあった。

それはヤマト運輸の「水増し請求」である。水増し請求の相手は個人ではなく会社や公組織。たとえば社員の引っ越しを請け負っているケースでは作業員五人の見積りを出し、実際は三人で仕事を完了しても、初めの五人の見積り金額を請求して受け取る。

たとえば一万個の商品配送の見積り書を提示し、実際は八千個で済んだ場合でも一万個分の配送料を頂戴する。この過大請求は八年以上前から支店などで始められ、ここ一年間では約四万八千件で総額約十七億円を詐取したという。

過大請求が全社的に常態化していたようである。

住宅建築では施主が同意した見積り金額より高い金額を完成時に支払うケースが多い。施主の追加注文や材料の変更などにより、施主了承のもとに金額が上乗せになる。「家を建てる時は見積り金額より一割は高くなるのを覚悟しておけ」と言われている。

クロネコは会社と契約し、仕事の見積りは損することのない多めの数値で出す。一般的には完了後に仕事量が見積りより多くても少なくても明細書を付けた請求書を提示して客の了解を得る。クロネコは実際の仕事量と実際の金額を無視して、見積り書をコピーして請求書にした。

なぜこんな不正が長年見過ごされてきたか。

一つは客(大企業や官公庁が多い)が社員の引っ越し代や製品の配送数量のような〝こまかいこと〟は精査しないため。

もう一つはクロネコに対する信用が高いこと。創始者小倉昌男は名経営者として今も尊敬されている。宅急便は敵なしの全国制覇チャンピオンである。社員は末端の配達員までよく教育されており質がいい。

契約する会社は「あそこが汚いことをするわけがない」と信用し切っている。

新聞はこの事件を「ブランドのイメージ悪化」「倫理観の欠如」と書き立てた。しかし騒ぎは長続きしなかった。

荒田の会社でもS急便が二ヵ月にわたり、他社の請求書を紛れ込ませていたことがあった。経理のベテランが発見して返金してもらった。チェックが甘ければ不正が通る。顧客の会社や役所は、自分の怠慢もあるのでクロネコ糾弾をやめた。「反省して改めてくれればそれでいい」と早々に幕を下ろしたのでマスメディアも黙ってしまった。

ともあれクロネコまで悪いことをしていた。三十年前のリクルート事件以来会社は贈収賄だけでなく偽造、改竄、パワハラを重ねて「会社は悪」という意識を人々に定着させていった。

マスコミは会社を叩けば人が喜ぶことを知った。「けしからん」「よく言ってくれた」という支持応援の声に押されて、さらに会社の悪を暴き出すことに燃える。社長と幹部が「節義を軽んじた結果」である。

儲かっても中国へは行かない

かつて「アメリカがくしゃみをすると日本が風邪を引く」という比喩があった。今は「中国にびくびく、ご機嫌取りの日本」か。日本の会社の中国依存が強大になり、武漢ウイルス事件の時のように中国が低迷すると日本も同時に低迷する。「儲かるから」と中国へ中国へと靡いた無節操のツケは大きい。

老子は「我に三宝あり、一に慈《じ》、二に倹《けん》、三に敢えて天下の先とならず」と処世の道のあり方を述べている。慈《いつく》しみの心を第一にあげている。慈しむとは弱い者を許すこと、助けてあげることである。飢えた人が食物を盗むのを見たら見逃す。それが慈の心である。

しかし遊ぶ金欲しさの強盗や地位・名誉を守るための犯罪は許さない。強い者に慈の心は及ばない。

会社の犯罪行為はいろいろあるが、犯罪でなければ会社は儲けるために何をしてもいいいか。

ある精密部品メーカーの会長は「中国から何度も来てくれと要請があったが全部断った。行けば商売になるのは解っていますが、行きません。私が中国が嫌いだからです」と言っている。

〝節操〟とは好き嫌いをしっかりはっきり持つことである。自らを偽って嫌いなものに〝好きなふり〟をしないことである。そして社長が「みさおを守る」とは儲けを第一とせず日本的経営を貫くことである。

たとえ損をしても、非難されても自己の信念を貫く人、この会長は節操がある。

頑固でも偏屈でもいいではないか

荒田は頑固者の部類に入る。人の好き嫌いが極端で、嫌いな人と親しくなることは滅多にない。研修では「嫌いな人にも笑顔で自分のほうから挨拶してみなさい。それを続けなさい。相手も心を開いて、嫌っていたのが霧散して人間関係がよくなります」と教えている。

荒田も挨拶はするし言葉も交わす。しかし嫌いな相手にそれ以上自分のほうから接近することはないし、相手が近付いてくれば後退りして逃げ出す。

荒田が嫌うのは「我が身を思うのみ」のエゴイスト、「何事でも我はよく人は皆悪しと思う」傲岸不遜《ごうがんふそん》の人である。言いかえると人間を知らない〝愚痴の人〟である。

会社を始めてすぐの頃、幹部社員の坂村が「人が欲しいですね。それも即戦力の経験者が。森野さんなんかどうなんでしょうね」と言った。

坂村は森野とは犬猿の仲で、前の会社ではいつも露骨に対立していた。荒田は坂村に仕事を依頼したが森野には声を掛けなかった。声を掛ければ、仕事に困っている森野が馳せ参じるのは目に見えていた。

荒田も坂村同様に森野が嫌いだった。

会議で自分がいかにいい仕事をして実績を上げているかを力説する。それで終りなら許せるが、他がことごとく無能でだめであることをまた力説する。社長と専務など上司に向けた自己宣伝である。荒田などの同僚がどう感じているかなど一顧だにしない。

荒田は反論する気にもなれずいつも黙っていた。

その森野が部下五、六人を連れて退社。新会社を作ったと聞いた。荒田は「へえ、森野に付いていく人がいるんだ。うまくいくかな」と思った。

森野の会社は一年も持たずに解散。森野は一人で細細商売をしているという。

その森野から「会いたい」と電話があった。荒田は即戦力となる人材は欲しかったが、森野と一緒に仕事をする気にはなれない。「三年くらい経ったらお会いしましょうか」と言って電話を切った。

坂村は「荒田さんはきっと森野を呼びますよ、私には解るんです。あなたはそういう人です」と言う。その言葉には森野に対するライバル心と嫉妬が含まれていた。

荒田は商売で売上げを上げるためなら、好き嫌いの感情を抑えて即戦力の森野の力を求めるはずだと坂村は信じている。もし森野が一緒に仕事をするようになったら即座に自分は身を引こうと思っている。

坂村は思いやりのある苦労人で森野のように他を踏み台にして自分だけ上へ行こうとするさもしい心の人ではない。有能だし読書家だが、その割に人間というものに対する理解が浅い。十年以上親しく付き合っているのに荒田の性格が解っていない。人間通とはいえないと思った。

またこんなこともあった。

あまり話したこともない金子が荒田を訪ねてきて「あなたがボスになって同業組合を作ってくれ」と頼んだ。個人で商売している人が十人以上いる。自分も一人でやっており今年は五千万円の売上げを上げた（金子はここで〝どうだ〟と自慢気な顔をした）。しかし一人は不安定でこのような好調がいつまで続くか解らない。会員の取りまとめは自分がするから荒田に頭になってもらいたいと言う。

「ほう、五千万円。すごいですね。私は自分の仕事で手一杯で組合など興味ないです」と荒田。

金子はハッとした顔で「あの暴力事件ですね、ああいうこと私は二度としませんから、お願いします」と頭を下げる。

だいぶ前、姉妹会社の営業マンであった金子が、荒田の部下の営業マンを殴った。事件はビルの事務所の廊下の陰で起きた。誰かが見ていたらしく翌日全員が知っていた。荒田は原因の詳細を調べなかった。姉妹会社の長に抗議もしなかった。殴られた営業マンにワケも聞かなかった。すべて不問に付した。しかし内心では金子という男を許さなかった。

そんなに嫌われていると知らずに金子は頼み事をしてきた。しかも名誉をともなう相手が喜ぶはずのことである。

荒田が自分を拒絶しているのを知って、金子はすごすごと帰っていった。

荒田は頑固で偏屈な人であるが、よく言えば信念の人である。

人は環境に順応し適応していかなくては生きていけない。社会の常識の枠の中で世間の目を気にして暮らすのが一番安全である。だから風向きに合わせて身を処する。しかしこうした賢い人よりも、荒田はたとえ叩かれても潰されても信念を貫き通す人を支持する。

憲法前文は世界に誇る名文か

ある社長から、日本国憲法の誕生の経緯と問題点をわかりやすく述べている本を紹介された。(『私は日本国憲法です』島村力《つとむ》著・グラフ社刊)。勉強のため社員にも読ませ感想文を書かせた。この本を読んで荒田が感じたのは以下である。

敗戦国日本を占領した連合軍のうち、主導権を持つアメリカは、指導者層の処刑と追放、財閥解体、労働組合育成、言論統制、教科書改悪、そして憲法制定と、ひとつの国と民族を根底から破壊する政策を〝民主化〟という美名をかぶせて矢継ぎ早に行った。

荒田はアメリカに占領されてよかったと思った。ソ連は北海道をよこせと言った。アメリカは断固はねつけた。もちろん日本のためではなく、自国の利のためではあるが、もし、日本がドイツや朝鮮のように二つに分けられていたら、今の韓国と北朝鮮のように、民族分割の悲惨な目に遭わなければならなかった。

アメリカの一国支配は日本にはありがたかった。実態として日本は日本軍の無条件降伏の「敗北」を体験した。だがこの敗北によって何もかも失ったわけではない。爆撃をまぬがれた田舎の美しい豊かな国土が残り、独立国としての矜持と日本人本来の健全な強い精神を回復する〝余地〟がかろうじて残された。

二十代後半の社員の感想。

「学生時代に社会科の授業でわずかに学んだだけの日本国憲法。普段の生活ではあまり意識することもなかったが、今回改めて本を読んでみると成立当時の日本の置かれていた状況がわかり、また製作者たちの戸惑いや苦労がどれほど大きかったかが窺える。自衛隊が憲法違反で不要だという考えは理想論である。日本の軍備は国や国民を守るためにある程度のレベルまでは強化しておく必要がある」

三十代半ばの社員の感想。

「現在私が生活している上で、当たり前だと思っていることが数多く条文となっている。やはり日本国民として生きている限り、無関係なものではないなと感じた。そんな中でも一番耳にする機会が多いのが第九条戦争放棄である。私が医者として診たら、第九条は明らかに病気だと診断する。それもエイズやサーズのような不治の病である。第九条はやられたらやられっぱなしでいろ、という条文である。こんな憲法を変えることに反対する人がいる。この人もまた病気である。憲法改正の動きはあるが、いまだに実行されていない。そんな日本国も病気である」

こうした感想文十名分を月刊新聞に掲載した。

ある社長からの手紙。

「新聞は毎月大変楽しみにしており、特に社会人としての基本的な物の考え方を明快に伝えていただき、私どもの指針としております。また時には社員に読ませることもあり、人材教育には欠かせないものとなっています。感謝いたします。

ところで八月号の『憲法と八月十五日』には大変失望しました。

私は現在の憲法の前文を読むだけで、そのすばらしさに目を見張り、このような憲法を私どもが有していることを誇りに思っています。『国際間の紛争は武力をもっては解決しない』と高らかに謳っています。武力を持つ国は理性を失う。武力を持つ国は武力で滅びる。それは歴史が証明するところです。

私は政治問題、経済問題、企業の諸問題に勝って、戦争の残虐性、おろかさほど悲惨なものはなく、これに導くようないかなる小さな思想も理念も団体も排除すべきと考えています。私にとって御社の月刊新聞が手に入らないことは苦痛ではありますが、定期購読を中止します。次回よりの発送はご遠慮願います」

一人いや一社のお客様を失ってしまった。残念である。だがそれよりももっと残念なのは、私が「戦争に導くような」考え方の持ち主と判断された点である。

この社長は、憲法の前文を目を見張る素晴らしいものと言っている。

「日本国民は、恒久の平和を念願し、人間相互の関係を支配する崇高な理想を深く自覚するのであつて、平和を愛する諸国民の公正と信義に信頼して、われらの安全と生存を保持しようと決意した。われらは、平和を維持し、専制と隷従、圧迫と偏狭を地上から永遠に除去しようと努めてゐる国際社会において、名誉ある地位を占めたいと思ふ。われらは、全世界の国民が、ひとしく恐怖と欠乏から免かれ、平和のうちに生存する権利を有することを確認する。われらは、いづれの国家も、自国のことのみに専念して他国を無視してはならないのであつて、政治道徳の法則は、普遍的なものであり、この法則に従ふことは、自国の主権を維持し、他国と対等関係に立たうとする各国の責務であると信ずる。日本国民は、国家の名誉にかけ、全力をあげてこの崇高な理想と目的を達成することを誓ふ」

美しい和文とはいえない。「われらの安全と生存を保持しようと決意した」「平和のうちに生存する権利を確認する」など翻訳調の悪文で意味が頭にストンと入ってこない。また「各国の責務であると信ずる」の一文は国連の誓文のようで一国の憲法にふさわしくない。ここに載せたのは前文の後半部分だが、正義感があふれており、非の打ちどころがない。それだけに余計、現実の国や人間社会と乖離した薄っぺらな作文になっている。これを「目を見張るすばらしい」できばえと社長は称賛している。

武力放棄、戦争反対、平和祈願……。「地球はひとつ、人類はみな兄弟、手をつなぎみんな仲良く平和に暮らそう。戦争などという残虐なことをする人は愚か者であり人間ではない」

国の財産である領土を掠め取られても、他国で同胞が殺戮されても、平和のために黙って耐えよ。「武力を持つ国は武力で滅びる。それは歴史が証明するところです」と社長は言う。

もし敵が襲ってきたら、その時は降参するしかない。白旗挙げている者を殺しはしないだろう。生きていければいいじゃないか。国語が日本語ではなく中国語になったたって、奴隷のように扱われて自由を束縛されたって、死ぬよりはまし。

もし他国と戦争になったらどうしますか。「逃げます」「降参します」が六十%。戦って多くの戦死者を出し、街を焼かれるよりずっといい……。このように考える日本人が十人に六人いる。〝平和教育〟とはこの考え方を教え込む教育である。

敵が牙をむき出さないうちは、この教えに何の疑問も感じない。国威を傷つけられようと総理大臣は「誠に遺憾です」と言ってそれ以上他国の横暴を追及しない。国民も自分の身に危険が及ばない限り、国が侮辱されようと国の財産を巧妙に盗まれようと「平和が一番」と鷹揚に構えている。

このように教育された人は、敵が牙をむき出して迫ってきた時、どうしていいかわからなくなる。敵と戦うという「決意」が頭に浮かんでこない。「話し合いで」「何とか説得して解ってもらおう」と、目をつぶって手を合わせて唱えている。

武力を持たない国は武力を持つ国に滅ぼされる。これが歴史が証明するところだと荒田は思う。国は自国より他国の利を重んじることはない。すべての国は国益を第一とし、それに反するものを許さない。

話し合いを重ねて相手が折れなければ戦う。どの国も自国の平和を愛する。他国の平和のために自国を犠牲にする国家は存在しない。

公正と信義つまり理性で片付く問題はごくわずか。理性の薄い皮など一発の銃弾で簡単に敗れる。これも歴史の証明するところである。

敗戦の焦土から立ち上がる時に

少し長いが戦前生まれの女性の取締役部長の感想文。

「学校を出てから憲法には縁がなく、五十年ぶりの再会だった。この本に憲法学の権威宮沢俊義先生の考え方が詳しく述べられている。先生は『憲法』（昭和二十四年・一九四九年初版有斐閣刊）の著者である。

先生の本には条文ごとに英文が添付されている。このことについて先生は『各条文に添えて、その英訳を載せた。これについては、おかしいという批判があると思う。確かに体裁としてどうかと思われるが、日本国憲法制定の仕事は、この本の中で詳しく説明されるように、つねに当時日本を占領していた連合軍最高司令部の諒解を得てなされたのであり、しかもそのときの諒解は、ことの性質上、英訳を通じてなされたのである』と述べている。

宮沢先生は『憲法改正（新憲法制定）の要なし』という立場だったが、その立場を貫くことかなわず、憲法調査委員会の委員となって『憲法改正要綱』のもとを起草した学者である。先生の講義を聴いて単位をいただいた一生徒として、先生の偉大さを知ると同時に当時を懐かしく思った。

この本を読み進むうち、敗戦後北朝鮮より引き揚げてきた時の記憶が蘇ってきた。恐かった。父親を露兵が連れ去ろうとした時、土下座をして、手を合わせ、『父を連れていかないで』と懇願した私、逃げ場のない鉄橋を真剣に渡っている私、三十八度線だと喜んでいる私、アメリカの兵隊さんに抱かれて船に乗せてもらいほっとする私、この船は牛馬専用の貨物船で、トイレのすぐ下は深い海、板に穴があけてあるだけ、小さい私を母がしっかり掴んでくれていた。そんな船でも乗れた時は嬉しかった。アメリカ兵の優しさも嬉しかった。

日本国憲法はGHQの押し付け憲法といわれる。今だから言えるので、一面の焼野原で住むところも、食べるものもない時、誰が日本の憲法を作り国民を守ることができたろう。憲法改正に反対だった宮沢先生が節義を曲げて新憲法作成に尽力したことを私は尊いと思う。

『憲法は日本民族の精神を弱体化させ腰抜けにするアメリカの策謀だった』とアメリカに対する怨嗟の声があるが、たとえ策謀が事実であったにせよ、あの時あれ以上のどんな道がとれたというのか。当時、マッカーサー司令官に寄せられた七十万通にのぼる感謝の声を、愚かだと嘲笑する権利を有する日本人はひとりもいないはずである。

私は憲法改正急ぐべしと思う。そのこととアメリカ批判は切り離すべしと思う。

自分の国を自分で守れる憲法を持たなくては。

だが総理大臣以下、現在の国の指導者の発言を聞いていると心配である。平和ぼけ、金銭ぼけの先生方に『改正』ができるだろうか。私たちの子孫が悲惨な目に遭うことのない日本であり続けるための光り輝く憲法に改正できるのだろうかと。以上」

この感想文を読んだ栃木県宇都宮市の四百年企業青源味噌㈱の青木敬信社長から、「取締役部長の論文に感動」という一文が寄せられた。

「社員の皆様の成長ぶりと層の厚さに感心いたしました。そうした中でも最後の取締役部長の文章はすごい！　思わずその場で座りなおしてしまいました。『憲法改正に反対だった宮沢先生（東大教授）が節義を曲げて新憲法作成に尽力したことを私は尊いと思う。……たとえアメリカの策謀が事実であったにせよ、あの時あれ以上のどんな道がとれたというのか。……マッカーサー司令官に対する感謝の声、愚かだと嘲笑する権利を有する日本人はひとりもいないはずである。私は憲法改正急ぐべしと思う。そのこととアメリカ批判は切り離すべしと思う。自分の国を自分で守れる憲法を持たなくては』

敗戦の時のご苦労があって『アメリカ兵の優しさも嬉しかった』と素直に言える人は少ないです。自分の体験をふまえて、憲法の意義と改正の必要性を説くこの〝論文〟は、日本の酷暑の八月にふさわしい尊い正論と思いました」

青木社長の文章の読み方、その第一級の批評眼に敬服する。荒田は指導者が節義を曲げて許されるのは、この宮沢教授の断腸の思いの変節だけであろうと思った。

締め切りを守る人が信用される

荒田は雑誌社の編集長にほめられたことがある。

月刊誌に毎月四百字十枚ほどの文を載せてもらっていた。各界の指導者との対談を二年間はさんで二十年近い連載である。

「締め切りに一回も遅れたことがないのはあなただけです」と編集長。

「え？　締め切りは遅れてもいいんですか」「いいえ、締め切りまでに原稿をいただくのがきまりです。ですがいろいろな事情で間に合わない人のためにゆとりをとっています。制作上のタイムリミットは五日後、これまでに原稿が入れば予定どおり発行できます。ライターはこれを知っていて締め切りを過ぎてから原稿を送ってきます。ほとんどみんなそうしています」

「それを知っていたら私も締め切りに追われないで済んだのに……」

「こんなことを言っては失礼なんですが、締め切りに遅れて、私どもに催促されてから届く原稿はいいものがない。例外なくおそまつです。読者に一番評判がいいのはあなたの講座『社長業の鉄則』です。編集も営業もあなたを有難い存在だと言っています」

口だけでなくこの雑誌社は荒田の原稿に一流作家に劣らない破格の原稿料を払った。

締め切りを守るのは当り前のことと思っていたが、作家やライターの大半が守っていないとこの時初めて知った。

そういえば「サザエさん」に出てくる作家のいささか先生はよく原稿の催促にきた編集者を隣室に待たせている。あれは締め切りに追われる長谷川町子自身の日常の姿なのだろう。読者が喜ぶ漫画を毎日提供するというのは並大抵のことではない。四コマ漫画を新聞に毎日掲載するには強靭な精神力体力そしてアイディア力がいる。その点で故人の長谷川町子と現存の植田まさし、岩谷テンホーは天才であり、荒田は三人を〝偉人〟として尊敬している。

社会は約束を守ることで成立している。人と人との間には時間の約束、お金の約束、頼まれたことを行う約束、そして法や規則に従うという社会との約束などがある。

「約束を守る」で誰もが頭に浮かべるのは「走れメロス」ではないだろうか。太宰治はこの小説を古代ギリシャの伝説とドイツの詩人シラーの詩を基に書いたそうである。

反逆罪で死刑を宣告されたメロスは、執行を三日間待ってくれと頼む。三日で戻らない時は親友を身代りに処刑するという条件を受け入れる。親友はメロスが戻って来ると信じて疑わず牢に入る。

妹の結婚式を無事に終え帰途につく。まだ二日ある。何事もなければ一日で城に戻れる。川の氾濫や盗賊に襲われるなど予想外の出来事に合い疲れ果て一歩も前へ進めない状態に陥る。「もうだめだ、親友にはすまないことをした……」。諦めかけたその時、岩の間から出ている清水を見つける。それを飲み最後の力を振り絞って走り、友人が処刑される寸前に到着する。王は親友だけでなくメロスも共に釈放する。

以上が粗筋。人は皆悪人だと人を信じない王、メロスが戻って来なければ代りに処刑されるのを覚悟して牢に入る親友、王と親友の約束を命を賭けて守って処刑の場に戻り着いたメロス。

命よりも約束のほうが大事、人の心を信じることのほうが大事という価値観に王は衝撃を受けメロスの罪を許す。

契約社会とは違う口約束社会

「約束を守る」の重みは欧米と日本ではかなり違うようである。

キリスト教の結婚式では「愛しますか」「信じますか」「では誓ってください」と二人に誓わせ誓約のためのエンゲージリングを交換させる。ここまで露骨にしないと約束がすぐ破られてしまうからである。

欧米では人は信用できない、約束しても守られない可能性があるという考え方が一般的である。

今は日本人も「誓いますか、では誓いのキスを」などとやっているが、荒田が結婚した時は三三九度だった。日本では結婚は家と家が親戚になる〝結納〟のほうが重大で、若い二人に口頭や書面で誓わせたり、拘束の指輪をつけ合うといった儀式はなかった。

個人主義の国では約束はあくまでも個人の責任。だから「守れ守れ」と声に出し紙に書いて言う。いくら言っても守らない人が多いから「走れメロス」が感動的な話になる。

家族中心、集団主義の国では、約束を守らないと相手に謝るだけでは済まない。家族に累が及ぶ。所属する会社や社会も責任を問われ信用を失う。

そのため「約束を守る」は〝生きるために食べる〟と同じ程度、〝生きるために約束を守る〟と言っていいほど自然に身についている。

日本人は信用で生活してきた。約束を守らないと生きられない仕組みの社会に慣れ親しんできた。約束を守ることによって人から信用され、その信用を元に収入を得ていた。

欧米は契約社会である。人を信用できないから何でも契約書を交わす。結婚まで契約書である。

日本にも昔から申込書や借用書などの契約書はあったが、小さい契約も大きい契約も大半は〝口約束〟だった。お互いの口から出た言葉で事は決定した。会社の社長同士の商談でも「やりましょう」「わかりました」で決まり実行に移された。書類のサインや印は〝念のため〟であり、それよりも相手の口から出た言葉のほうを重く見ていた。

「この人がやりましょうと言ってくれたのだから間違いない」と疑わない。「大丈夫なのか」と聞かれても「はい、武士に二言はないです」と信じ切る。言った方も口に出して言った以上は障害を乗り越えてその約束を果たす。この口約束が契約社会より時間と労力の無駄を省き、迅速な問題解決や新しい挑戦を可能にしてきた。

日本は口約束が成立する稀な国である。家族的血縁社会、万世一系の信頼関係が約束に対する強い基盤を作り上げた。

軽い気持でしても約束は重い

上に立つ人は特に発言には慎重になったほうがいい。

第六十九代総理大臣大平正芳は「アーウー宰相」と言われた。質問してもてきぱき答えず、アーウーで何を言っているのか解らない。

自分の口から出る言葉が国を動かす。国の将来を左右する。軽軽に答えてはならないという〝賢明な戒め〟がアーウーになった。

誰でも酔っぱらうと口が軽くなる。荒田は二人子を作った社員に「エライ、これで人並みだ、三人作ったらお祝い金百万円出そう」と言った。

部下は上司が言ったことをよく覚えている。その部下は二年後三人目の子を作り、生まれた後に荒田のところに名前のメモを持ってきた。荒田は二年前に自分が言ったことを全く覚えていなかったので、「よかった、おめでとう」と言った。部下はニヤニヤ笑って待っている。

そばで見ていた総務部長が「三人生んだら百万円ですよね」と二人に言う。部下はうなずき、荒田はキョトンとしている。

「納会の席で言いましたよね、私は聞いていました。思い出してください」と部長。

部長は社員に「賞与の時を楽しみにしてください」と言った。

「綸言《りんげん》汗の如し」という。王が発した言葉は一旦出た汗が身体に戻せないように訂正、取消ができないという意味である。

口に出して言ったこと、約束したことは、たとえ軽率だったにしても、後になって誰かに反対されたとしても、守り通さなければならない。「先約優先」と「口約束でも約束は絶対」は文字通り〝死守〟しなければならない。


指導者として成功するための条件七。

節義を重んじ信念を貫く。

八章　会社は人を育てる唯一の場

銀行はサービスまでコンピュータ任せ

現在も銀行は顧客サービスのために教育研修を行っている。銀行の子会社の〇〇総研が商売として行っている。さまざまなセミナーがある。何十種類もの講座があり、カタログが一冊の分厚い本になっている。費用は三千円、五千円と安い。銀行に世話になっている人は、勧められれば参加する。

ある社長が言っていた。

「私も何度も出ました。役に立ちそうなテーマを選んで。内容がお粗末なんですよ。あれでも先生かというのがしゃべる。前は休憩時間が来ると帰ってしまう人が多かった。時間の無駄ですからね。今は休憩時間まで持たない。始まって十五分もするとバラバラ席を立って帰ってしまう」

銀行がだめになると荒田が思ったのは平成の初めである。

会社を作ったばかりでお金がなかったので息子の大学の入学金を国民金融公庫の教育ローンで借りることにした。今のメガバンクの一つ、当時の都市銀行の支店に手続きをした。

出向いてお願いすると貸せないという。十数年前に作ったキャッシュカードがあるので融資できないと言う。確かに十数年前、違う支店から頼まれてキャッシュカードを作った。一度も使ったことがない。そんなものがあることを忘れていた。「ではそのカードを解約すればいいんでしょう」「いえ、だめです」と係は素っ気ない。

当時はバブル景気で銀行は鼻息が荒かった。少額の融資など関わっていられないという感じである。仕方なく国民金融公庫に直接行った。公庫は何も言わず百万円貸してくれた。

銀行は公庫の代理窓口である。本家がＯＫの客を代理店が断った。銀行員の頭に「お客様」はない。

昨年、財布を紛失。警察に届けを出し、同じ都銀の支店にカードの紛失届を出しに行った。窓口に書類を出してから長時間待たされた。理由は後でわかった。コンピュータ任せなのである。仕事をしているのはコンピュータで、何人もいる人間はコンピュータからの指示を待っている。コンピュータに使われている。

人間は判断も思考もしない。つまり銀行は人間のいない組織になってしまった。

優秀な支店長が辞めた理由

旧F銀行の中里支店長から「銀行を辞めて田舎でボランティア活動をしている」という手紙をもらった。まだ五十歳を回ったばかりで定年退職ではない。優秀な人だったのにどうしたのだろう。本人に会って聞いてみた。

中里は有名私大のラグビー部の選手として鳴らした。銀行に入って外回りの営業に配置されると、たちまち頭角を現した。新規口座獲得数トップ、預金獲得高トップ。いくつかの支店を回されたが、どこへ行ってもトップの成績をあげた。出世は早かった。三十で支店長代理、三十五歳で支店長に昇格。

若手を厳しく指導した。支店エリアの会社や商店を飛び込み訪問。一日百件。自分が同行して手本を見せた。週一回同じところを訪問する。断られても月四回は顔を出す。見込みがまったくないところも飛ばしてはならない。これが中里の営業方法であり、「人の三倍歩け」が口癖だった。

「玉屋ガラスさんは行ったか」「はい、行ったんですが専務がいなくて……」「名刺を置いてきたか」「いえ」「お客様がいない時は名刺に一言書いて置いて来いと言ってるだろ！」「はい、すみません」「明日もう一度行ってこい！」「はい」

　中里にしごかれて若手はたくましくなった。支店の成績は上がった。中里の支店は都内でもトップの伸び率だった。

　客の評判もよかった。零細企業が多い地域で、運転資金の融資依頼が多かった。依頼があると中里はうるさいことは言わず、即座に貸した。客のところをよく回って社長と何回も話をしているので、客の会社の内情をほぼ把握している。「ここはいくらまで貸しても大丈夫」というデータが頭に入っている。「貸してくれ」と言われると、「はい、わかりました。明日入れましょうか」と答える。お客様は感激し、中里の支店をひいきした。

　やがてF銀行は外の二行と合併しメガバンクになった。支店削減の方針により中里の支店は隣の大支店に吸収された。中里は大支店の支店長代理に格下げ。仕事は営業ではなく、融資先管理つまり返済催促係を命じられた。中里は〝銀行そのもの〟に疑問を持つようになり、その疑問は月日が経つにつれて膨らんでいった。

　その支店では、大口預金者にたまに挨拶に行くだけで、誰もお客様回りの営業活動をしていない。中里は「おかしい」と思った。地域密着とか顧客第一というのはお題目で、銀行はお客様のことなんか少しも考えていない。窓口の女性事務員までがサービス精神を失っている。

サービス業とは人と人のつながりで成り立つ。銀行はサービス業だが、いつの間にかこの大事なことを忘れてしまった。数字（金）とデータ（コンピュータ）を操作するのが銀行だと思うようになっている。

銀行は自ら「人間不要」を公言している。これは滅びの道だ。ここにいれば人は精神を病む。現に自分は人間らしさを失いつつある。

中里はこう考えて銀行を辞めたのだと語った。

人間教育を行ってきた会社が勝った

ある地方の大手信用金庫が経営に行き詰まり、経営内容のよい小信用金庫に助けを求めた。滅多にないことなので業界の大ニュースになった。

町の小信用金庫の理事長は生え抜きであり、中里と同じタイプの営業マンあがりである。地域振興の柱となり、地域から頼りにされる信金を目指して、預金獲得と融資援助を精力的に行ってきた。「お客様から信頼される社員になれ」と督励してきた。

理事長は遊んでいた中里をくどいて招き、教育課長にした。中里課長は支店長、課長など幹部クラスの教育に力を入れた。本を読ませ、文章を書かせ、意識を高め、思考力を伸ばした。課長自ら教育したが、手の回らない分は外部の研修機関に依頼した。ともかく教育に時間とお金を惜しみなく使った。鍛えられた幹部が若い幹部を鍛えた。理事長が目指したとおり、地域から信頼される信金になった。町の周辺に支店を新設、一軒一軒訪問してお客様を増やした。

町の中心に市の信金の支店があるが、そこにお客様の影はなかった。大手信金のトップは中央官庁から来た人だった。外部の会合や接待で酒を飲むのが唯一の仕事。十数か所支店があったが、営業活動を積極的に行っているところは皆無。お客様が来るのを待っているだけ。

店内は整理整頓や掃除も行き届かず、くすんでいる。みんなのんびりやっている。事務処理が遅い。机に向かっている社員はお客様が待っていても声をかけない。知らんふりをしている。まるで昔の役所のようである。

かくて優良小企業が、社員が三倍もいる落ち目の大手を吸収するという出来事が実現した。町の信金は吸収した市の信金の名前も支店も人員もそのままそっくり残した。しかし社員の低い意識と怠慢はそのままにしてはおけない。町の信金の社員と同レベルになってもらわなくてはならない。

市の信金の社員は驚いた。給料が上がったのである。つぶれて吸収されたのに前より給料がよくなった。市の信金の支店長は町の信金の支店長がこんなに高給を取っているとは思わなかった。自分も同じ待遇を受けられることになり、目の色が変わった。ぼやぼやしていられない！

町の信金の幹部が全員受けた外部研修を受けることになった。喜んで参加した。以前ならぐずぐず言って嫌がったが今は違う。長期間の研修を修了して市の信金の支店長クラスは変身した。鬼の指揮官、指導者となって支店の運営に邁進した。

町の信金の理事長は言う。「支店長以下はこれで一安心です。頭が痛いのは支店長の上の大幹部たちです。企業の文化がこんなに違うとは思いませんでした。会議で新しい提案をすると市の信金の連中は『それは無理だ』とマイナスのことばかり言う。私は怒鳴りつけますが、そんな会議をずっとやってきたんですね。それじゃダメになるに決まっている。こんな連中いないほうがいい。せっかくよくなりつつある支店に悪い影響を与えるから、何もしないでじっとしていろ、って私は言っています」

数字とデータでは経営は成り立たない。人間がいる銀行が勝ち、人間不在の銀行は滅びる。

お金は人材育成の〝手段〟である

一人で始めた商売がうまくいくと人手が要る。人が増えると会社になる。会社は採用と教育を繰り返す。手元にお金が残っていく。そこで新しい仕事をしてまた採用と教育をする。儲けたお金は人材の登用と育成につぎ込まれる……。

日本は世界でもとび抜けて〝成熟〟した国である。それは国家と個人の中間にある会社という組織が「人を育てる」機能を十分発揮しているからである。

わずか社員数名の零細企業から数万人の大企業まで、日本国中びっしりと会社が存在し大半の人がそこに所属し教育を受けている。これが〝成熟〟の意味であり、世界に類のない日本の強みなのだ。

その端初が明治維新。虐殺も都市破壊もなく、二百万人の武士層は黙って刀を置いた。これもすばらしいが、その後の新国家建設の足取りがさらに見事だった。それは人材の登用と人材の育成によって成就したのだった。

会社の経営者はこれを見習った。率先して社員を教育した。二倍働かせて二倍の成績をあげさせるためではない。技術だけでなく優れた人間になる教育をした。会社に貢献することが幸福な人生を約束するということを教えるが、それ以上に、豊かな人間性をそなえた立派な日本人になり社会に貢献しなさいと教えた。そうなるための訓練や学習を行った。

賢明な経営者は知っている。

儲けたお金は倹約貯蓄する。一部は危険保険としてストックする。大部分は人を採用して教育する費用に回す。

学校の校長の一番大事な仕事

人材の登用と人材の育成を日本ほど重視している国はない。資源は人しかないから、人を生かす努力をするのは自然である。

徳川の幕府軍を殲滅して明治政府が走り始めた。人材が不足していた。必要なのは粗暴な兵士ではない。頭脳を持つ指導者である。新政府は敵の主領を要職につけた。

幕府海軍総司令官榎本武揚は函館戦争で敗れて東京の牢獄につながれていたが、二年数ヵ月で許され外交や教育に尽力し、外務大臣や文部大臣などを歴任した。

同じく幕府伝習隊隊長大鳥圭介も函館戦争で捕えられ獄につながれたが、武揚同様明治五年には特赦により出獄。その後技術官僚として殖産興業に貢献、工部大学校（東京大学工学部の前身）の校長、学習院院長を務め、明治中期以降は外交官として活躍した。

上野寛永寺などの山主、輪王寺宮（明治天皇の叔父）は最後の将軍徳川慶喜を匿い庇い助命を嘆願した。また宮家でありながら幕府軍彰義隊や奥羽越列藩同盟の盟主に祭り上げられた。その後、命からがら仙台まで苦難の逃避行。捕縛され投獄。しかしやはり許されて後にプロイセンに留学、近衛師団長として台湾で清国軍と戦って名をあげた。

こうした人以外にも幕府や各藩の多くの侍が新政府のもとで官界や経済界で仕事をした。人材の育成という点では明治初期から大学など学校を全国に作り、子供や若者の教育に力を入れた。

タイム技研の丹羽公男会長が「学校の校長の一番大事な仕事は何か解りますか」と聞いた。「解らない」と答えると教えてくれた。

優秀だが、家が貧しくて上の学校に行かれない子を見つけること、その子供を援助してくれるお金持ちに頼むこと、これが昔の小学校の校長の大事な仕事だった。

自分の子でなくても素封家《そほうか》は地元の有望な子の世話をした。校長から世話を頼まれる人にとっては名誉な社会貢献であり、その人の社会的地位は自ずと上昇した。

このように援助を受けて上の学校に行くことができた子が全国で年間約四万人いたそうである。〝子供を有用な人材に育てる〟ために努力を惜しんではならないことが、校長やお金持ちの共通認識であり、この自然発生的な日本的慣習によって、どれほどの子供が救われたか知れない。

また日本という小国を世界の大国にのし上げたのは、優秀な官僚の力によるところが大きいという説がある。貧しい家に育ち東大を出た多くの人が国家のために尽くしたからである。現在でも他の国と比べて日本の官僚は格段に優秀であるが、明治、大正、昭和の官僚は比類なきエリート集団だった。

丹羽氏はこれを「寄付文化」と呼んだ。

一代で巨満の富を築いた安田善次郎は東大の安田講堂、日比谷公会堂を、トヨタ自動車工業は名古屋大学の豊田講堂を寄付した。こうした会社や個人による教育施設の寄付は枚挙にいとまがない。日本では利益や私財を人材育成に喜んで投入する〝文化〟が根付いていた。アメリカもよく金持ちの寄付が話題になるが、対象が病気や動物愛護などで人材育成でない点が日本と少し質が違う。

「この寄付文化がなくなってしまった」と丹羽氏は嘆く。

敗戦の焦土から立ち上がり、朝鮮戦争特需もあって日本は昭和三十年代にはめざましい経済復興をはじめた。これと歩調を合わせて労働者の権利を主張するストライキが頻発し、学校では日教組教師が勢力を伸ばした。血縁の結束が薄まり核家族が発生、また村社会が綻びはじめ個人主義が台頭した。子供が増え小中学校は一学年四十人四クラス五クラスという状況が続いた。

校長は子供一人ひとりを見なくなった。クラス担任は把握しているが〝有望だが貧しくて上の学校へ行かれない子〟を校長に報告しないし、まして資本家に頭を下げて寄付を頼むことはしない。

荒田が中学を卒業した時、今でも忘れられない出来事があった。

「えっ、榎本、就職したの？」。榎本は数学理科の成績がよく芸術的才能も豊かで将来大物になる感じがした。私がそう思うくらいだから教師や大人はみな〝有望〟と認めていたはずである。その榎本が近くの工場に就職して工員になってしまった。「あり得ない、惜しい」と荒田は思った。親は貧しい職人でつねづね「学問などいらない」と言っていた。

数十年前なら校長が「榎本という優秀な子がいる」とお金持ちに援助を頼み、頑固な親を説得した。榎本は理工系の道を進み、ノーベル賞をとるか芸術家になって、校長や援助者の期待に応えたであろうに。

教育の本流は自己啓発

国が「人作り改革」や「人材育成」を標榜するのはいいことである。資源のない日本のような小国の唯一の資源は人である。昔から日本は教育に力を入れてきた。教育勅語にも「世世その美をなせるはこれ我が国体の精華にして、教育の淵源また実にここに存す」とある。

日本が軍事強国として世界の大国と肩を並べることができたのも、経済大国として世界中から一目置かれる国になれたのも、よく教育された人材とよく教育された勤勉な兵士や労働者が大量に存在したからである。これは大国といわれる米英仏やロシアと比べても遜色ない。いや技術者層などの人材の粒揃いという点では世界でトップクラスと言えるだろう。

ところで政府の人作りの具体策は学校の授業料の無償化、貧しい子への教育費の援助、入学テストの改正などで、諸手を挙げて賛成できるモノではない。

教育はいつの時代もどこの国も本質は同じである。

荒田が尊敬する女性作家が言う。

「教育はまず親がするものだ。さらに学校が教えなかったら彼らを雇った企業が教えることだ。しかし教育の本質は『独学』である。独りでは心許なかったら書物がある。若い人たちは読書をしなくなったから、貧相な人間になった」

家庭で親が子に行うしつけ教育、学校で行う読み書き計算の基礎教育。これが教育の土台で、ここができていなければ会社がそれを行うしかない。

独学つまり自己啓発できる基盤を作るのが家庭教育と学校教育、そして社員教育である。この基盤ができれば論文を読んで専門分野の知識を得ることができるし、文学や歴史の本を読んで人間性を高めることもできる。

貧相な人とは人間性に欠ける人である。

「ごく単純な人間性を失うと何もできない。政治はもちろん、会社経営も小さい商いも、芸術も遊びさえも楽しい結果を生まない」。これが女性作家の結論。

貧相な人ばかりなら国が貧しくなる。だから国は〝教育〟に力を入れると言っている。そして教育の本質は自己啓発（独学）できる人を作ることである。ここにピントを当てなければ人作りは失敗に終わる。今のところ国の教育改革は成功の見込み０％、税金のムダ遣いに終わるのが目に見えている。

ではどうすればいいか。

立派な図書館をたくさん造っても本を読む人は増えない。

読書をする人は読み書き計算の基礎能力が身についていて自ら自分が読みたい本を選ぶ人である。書店で本を選ぶ人は本のおもしろさ、本がためになることを知っている人である。

スポーツ、芸術と同じである。自ら時間とエネルギーを投じて向上しようと思うようになるには、そこに至るまでの練習、稽古が欠かせない。型を身につける、手法を覚える。見よう見まねで繰り返しやってみる。練習試合で勝ち負けを体験する。この段階を経ることによってその事に本気で取り組む意欲がわいてくる。

読書も同じ。本を読ませようと思ったら、社員教育の一貫として読書感想文を提出させる。強制しなくても自分で本を求めるレベルまで〝教育〟するのである。

家庭教育では親が本を読む姿を子供に見せる。子供は親の真似をしたいので自然と本を読むようになる。また幼児期には読み聞かせをする。

学校教育なら昔の寺子屋のように素読をさせる。今は道徳の時間を使って読書の時間を設けている学校もある。

本の良さや魅力を知らなければ、読もうとする意欲はわかない。それを知る機会を強制でも与える。それが自己啓発できる人間を育てる大事な要素になる。

人を育てて能力を発揮させるのが日本の会社

電機大手H製作所の研究員だった中條さんが「人生、失敗しました」とつぎの話をした。

韓国の大手ITメーカーS社に勧誘された。年俸は四倍で一年契約。一年の実績で一年ごとに契約を更新する。会社では若手の研究員が伸びてきて四十代の自分の将来は明るくない。

思い切って辞めてS社に移った。

S社に赴任して驚いた。研究所には日本の大手企業の元社員がぞろりと揃っていた。ソニー、パナソニック、三菱、富士通、東芝、NEC……それも一人ではなく一社二人三人いる。日本人研究員だけで総勢二十人。まるで日本総合研究所である。

それぞれに研究課題が与えられる。製品の改良や新製品の開発、他社製品の技術の導入など、いずれも重い仕事である。同じ課題を複数の研究員に与えて競争させる。

日本の会社なら協力協調して仕事を進めるがS社はあくまでも個人の能力を求め

た。

「空気は殺伐たるものでした。まわりの人が皆、敵なのです。足の引っ張り合いこそしませんが、人の成功を妬み、人の失敗を喜び、自分の成果を上げることのみに集中しました。みな険のあるとげとげしい顔になっていました。精神を病んで早々に日本に帰る人もいました」

一年後契約更新されたのは半数で、半数は解雇。中條もその一人。H製作所を退職していたので社員百人の中小企業に就職した。

「S社に毎年契約更改して八年続いている人がいます。あそこで八年持つ人はいません。長くて三年、私のように一年で消えるのが大半ですから。成果を上げ続けなければ八年いられません。あの人はすごい」

荒田は中條の話に感動した。

S社は技術や頭脳を金で買う。研究員として一から育てるよりそのほうが効率がいい。成果を出さなければ切り捨てて新しいのを入れればいい。この方法で世界のトップレベルのメーカーになった。このことに感動したのではない。

韓国だけでなく中国もアメリカも社員を一から育てることはしない。能力と実績に報酬を払う。たまに将来性を見込んで未熟な人を採用するが、これも〝先物買い〟で自力での成長を冷ややかに眺めている。期待に応えられればよし、期待外れなら契約解除である。

新卒の社員を鍛え育てて人材に仕立て上げる日本のやり方が、世界では異端であることに感動したのである。

中條が言う。

「半年前から今の会社の部長で迎えられて経営全般を見ているのですが、社員を教育しなくてはだめだと思っています。まっ先に、高級外車で遊び回っている二代目社長を教育しなくては。それで今日相談に来たのです」

人を育てるのが自分の任務だと自覚して中條はわざわざ名古屋から新幹線で荒田の研修会社を訪れたのだった。

H製作所は教育研修の階層別、技術別のシステムが確立されており、昇進昇格試験が行われていた。中條も何回も研修と試験を受けてきた。「ずっと私を育ててくれた会社に後足で砂をかけるようなことをしてしまいました。自分が情けない……」中條の目がうるんだ。

今の会社は社内に社員を育てる、鍛えるという仕組みが全くない。社員それぞれが長年の経験で身につけた技術で仕事をしている。仕事の合間にスマホで競馬をしている社員がいる。緊張感が足りない。こうしただらけた空気を直さないと会社はよくならない。中條部長はこのように状況を話し「社長を研修に出したいのですが」と言う。

荒田は頭を低くして言った。

「私は説得ができません。遊び人は私の言うことなんか聞きません。中條さんがするしかないですね。難しいことですが。しかし中條さんのような危機感を持つ幹部ができたことは会社にとって一歩前進ですね」

日本の会社の強みは、入社して仲間になった人は、どんな人でも一人前の人間に育てる努力をする点にある。

会社は人を育てる有難い場

日本的経営の柱の一つに「家の繁栄と存続をはかる」がある。「家族中心主義」ともいう。個人の平等をつき詰めて行く民主主義が嫌っている部分である。「家族なんていらない」と言う知識人がいるし、前に述べたスウェーデンのように家族崩壊を推進する国もある。

しかし日本の会社は今も家族主義で成り立っている。

五年前、トヨタのアメリカ人女性重役が麻薬を持ち込んで騒ぎになった時、豊田社長は「家族ですから必ず守ります」と言い切った。結局守りきれず女性重役には退任してもらったが、大トヨタも日本的経営の柱「家意識」で経営を行っている。

「会社は家である。主人（社長）と使用人（社員）は親子である。親は子を守り育てる。家族の心が一つになっていれば家は栄える。子孫代代営営と続く。主人は次の代の家を引き継ぐ人を育てるためにお金と時間を使え、そうしないと一代で終わってしまう」

仕事の技術だけでなく社員の人間性を高める教育を行うのが当たり前という考えは世界でも例のない価値観である。〝人間中心の経営〟がどの店でもどの会社でも当たり前に行われているのが日本的特性である。

現在でも優良企業の多くは社長と社員が家族的信頼関係でつながっており、会社は社員に仕事の知識や技術の教育をするだけでなく、人間性を高める教育に力を入れている。

社員は愛社精神（帰属意識）が強く、会社が自分と家族を幸福にしてくれると信じており、労を惜しまず仕事に取り組んでいる……。

会社は人を成長させる有難い場である。会社を、人を幸福にする〝家〟とする「経営学」を私たちは持っている。会社を金儲けの道具としか考えない他の国と比べて何と優れた思想であることか。

この文を読んで国立長岡高専元教授の島雄元《はじめ》氏が手紙をくれた。

「現代は激動の時代とか変革の時代と言われるように、栄枯盛衰、諸行無常がいっそう激しくなっている。経済の分野でもっとも著しい。

経済の荒波をもろにかぶるのは、無論、会社である。会社は荒波を必死で乗り超えて、厳しい競争を生き抜かねばならない。負ければ死、倒産しかない。会社はなくなり、従業員にも仕事がなくなり、家族は途方に暮れる。激動の時代には、会社は戦闘集団にならねばならない。社員は礼儀正しく、笑顔で、きびきびと仕事に打ち込む人になる。会社と仕事を愛して、向上心のある人になる。意気に感じて、困難にもひるまない人になる。思考力と行動力に優れた人材になる。おそらく、どんな子供も、こういう生命力と人間味のある若者に育つ可能性を秘めているはずである。

残念ながら、多くの人がいろいろな事情で成長が途中で止まったり、アンバランスな成長を遂げたりする。その事情や原因を、あれこれあげつらうことは、会社の役割ではないし、会社にそんな暇はない。会社は、そのような若者を引き受けて、立派な人間になるように、躾や礼儀作法から教育して、何十年も仕事を与えて、生活の安定を授けるのである。日々の仕事の中で、上司にうるさく指摘され、時には怒鳴られ、褒められることも増えてゆくうちに、戦闘集団にふさわしい、皆がほれぼれする人間に育っていく。今の日本では、会社こそ、人が成長できる唯一の場である。――という貴氏の主張に心底賛同する」

日本的経営の特性は家意識や勤勉や倹約である。その根っ子は〝存続〟である。会社存続のためには会社を支える人がいなければならない。今だけでなく十年後も百年後も人材が揃っていなければならない。

指導者として成功するための条件八

あなたも厳しい上司に鍛えられ育てられた。あなたも次の代に繋いでいくため、会社存続のために真剣に人材を育てなくてはならない。

九章　指導者として成功するためのさらに五つの条件

いいと思ったことはすぐやる頭脳

荒田の漢字の書き取りテストはいつも百点満点で五十点程度。覚える能力が低い。これは大人になってからも変わらず、手紙には誤字当て字があり読み直して気付くこともあるが、そのまま出してしまうのが大半。おそらく相手は「こんな字も書けないのか、情けない」と思っていることだろう。漢字を覚えられないから文章を書くのに今も国語辞典が手放せない。

中学の中間試験、期末試験の学年の総合順位と点数で秀才連中には一度も勝ったことがない。「あいつらには追いつけない」と荒田は思った。

中学時代の秀才の多くは公務員や大企業社員になったと聞いている。それを知って荒田は〝自分は国家試験は受からない〟〝自分は頭が悪い〟と今さらながらに思ったものである。

だが荒田は落伍者にはならなかった。仕事ができた。それを上司やまわりが認めた。会社を作って三十年以上つつがなく経営した。なぜこれができたのか考えてみた。

中学三年の期末テストで、どんな意図があったのか解らなかったが、国語の先生が

「辞書を使ってよい」試験を行った。

問題の量は漢字の読み書きも含めていつもの二倍あった。

辞書を引き慣れている荒田のために考えてくれたとしか思えない（もちろん荒田のためではなく、先生は〝覚える〟ではなく〝調べる〟能力のテストを試みたのである）。

荒田はこのテストでただ一人百点を取り、学年で表彰された。今まで一度も勝ったことのない並いる秀才に勝った。

覚える力は人並み以下だが辞書を引くスピードは群を抜いている。このことが解った。これが実証されたがこのことにどんな意義があるのかその時は解らなかった。ともあれ荒田に敵わなかったことを口惜しがる秀才たちを見て、「自分にも取り柄があるんだ」と初めて優越感を抱いた。

「調べるのが早い」は問題発見、問題解決につながる。記憶力とは違う頭の別の部分の働きである。記憶力秀才にはないものを自分は持っているのではないかと思った。

荒田は思った。仕事は頭でする。経営も頭である。仕事ができる人は頭がいい。経営者として成功する人も頭がいい。

この〝頭〟は学校の成績とは関係ない。学校の成績の優劣は記憶力による。記憶力のいい人が学校秀才である。

頭のもうひとつは行動に直結する。「つぎはどうする」「つぎはどうすればいいか」が考えられる頭である。近い未来を正確に判断して行動に移す人が頭のいい人である。記憶力秀才の中にも実務型頭脳を兼ね備えている人がいるが数は少ない。

この頭は子供の頃の遊びで作られる。水雷艦長のような、おにごっこや魚とり、虫とり、それにねっき、めんこ、ビー玉、ベーゴマなどの勝負事によって培われる。またナイフやはさみなどの道具を使って物を作るのが得意で手先が器用な点が共通して見られる。

ゼロから何かを作り出す人、人の上に立つ人の多くは、この〝頭〟を持つ人なのではないだろうか。

若い頃から荒田は独走癖があった。いいと思ったことはすぐやってしまう。許可を得ず、誰にも相談しないで実行する。それで失敗して上司によく怒られた。成功しても「なぜ報告しない」と怒られた。家でもゴミと判断して捨ててしまい「あれ大事な物なの、いるのよ！」と妻にヒステリーを起こされた。

しかしこの拙速の判断実行、「どっちにしようか」迷う時に「エイ」と決めてしまう行動力、言いかえれば深慮熟慮の反対の浅慮無謀が荒田の取り柄であった。この杜撰な頭が経営に役立ったのではないだろうか。

指導者として成功するための条件九。

いいと思ったことはすぐ行う。拙速主義の「行動的実務型頭脳」の持ち主になる。

協力者を持ち、心から感謝する

経営者養成研修の「尊敬する人」のスピーチで自分の妻を語った社長がいる。

「お釈迦様は人間には一〇八の煩悩があると言っておられます。煩悩の中で一番強いものが『貪欲・怒り・愚痴』の三つとされ、これらは三毒と呼ばれています。

まさに私は三毒の塊でした。

あれを食べたい、これを食べたい、あれが欲しい、ああしたいという欲望が出てきます。また、『あいつはけしからん奴だ』といった怒りも頭をもたげてきます。さらにうまくいかなければ、うまくいっている人に対する恨みや妬みというものが生まれてきます。

しかし私の妻かな子にはこれがありません。聖人君子とまでは言い過ぎですが、私を陰ながら支え、控えめで過度に自己主張せず、決して私を裏切ることなく、それでいて心は強く持つ、大和撫子ぐらいは言っていいと思います。

そんな妻ですが、時には私を厳しく叱咤激励もしてくれます。

独立して四年目、業績も順調で経営は順風満帆かと思っていた時期でした。私の知らない間に社内にインフォーマルな組織ができあがっていました。一緒に起業した七人のうちの四人が別会社を立ち上げ、何食わぬ顔で仕事をしながら裏では取引先を盗み、登録社員を引き抜いていました。それを知った時、社員全員が裏切り者に見えました。どいつもこいつも敵に見えました。お前もか！　と叫びたかった。誰も信じられない。極度の人間不信に陥った私は、『あんな奴らのために働くのはばかばかしい！俺はもう会社を辞める』と妻に不満をぶつけてしまいました。

すると意外にも『いいよ』という返事が返ってきたのです。ただその後に続いた言葉は強烈でした。『辞めたければ辞めればいいよ、私が働きに出るから。ただこれからは私のパンツを洗われ！　仕事辞めるんなら当然でしょ』。私が『えっ』という顔をしていると、まじまじと私の顔を見つめ『男だったら外で戦ってこんかい！　男は外で戦って何ぼじゃろ！』

パンチが私の心臓に突き刺さりました。

私の戦場は外のリングの上、ヘトヘトになってもボコボコにされても、血を流すのも望むところです。そうだ、そのとおりだ。そう考え、そう生きなくて何が男か。私はこの言葉でファイティングポーズをとり直すことができました。私が今あるのは男前の妻、かな子のおかげです」

数ヵ月後、面談した荒田が「あのスピーチ、感動しました」と言うと、この社長、北陸の人材派遣会社、H社のN社長はつぎの話をしてくれた。

「その後、人を採用して穴埋めを急ぎました。しかし事態は変わりません。古い仲間が一人去り、また一人と去っていきました。創業時からの仲間で残っているのは高木一人。ちょうど子会社を立ち上げ、高木を社長にする計画が進んでいた時です。私は税理士、弁護士に相談して高木との間に交わす誓約書を作成しました。高木の両親を連帯保証人として記入させる欄のある厳しい内容のものです。この誓約書さえ交わしておけば絶対に自分を裏切ることはできないだろうと考えたのです。しかし待てよ、この書類を見た高木はどう感じるだろう、社長は自分のことを信用していなかったのだと思うだろう……と誓約書を眺めているうちに私の中に葛藤が生まれました。思い切って研修会社の社長に相談しました。その時言われたことは『Nさんはアメリカ式だね』、私が、ん？　って顔をすると『アメリカは契約社会だからね、それと同じだね』。社長からの言葉はこれだけでした。

その時はっと気づきました。こんなんじゃだめだ、ここには信頼関係など全く無い、逆の立場だったら俺はそんな社長についていけるのか？　答えは明快、『無理です』。日本人が大切にしてきた義理人情の世界、温かい血の通った浪花節の世界、人を信じて生きればいい、万が一高木に裏切られたら、それで良し、単に俺に人を見る目が無かった、俺に魅力が無かったということで、俺が腹を切ればいい。裏切られて本望！くらいに考えようと、気持ちが逆転。こんな書類を作ったこと自体が恥ずかしく、赤面している自分がいました。私のしごきに耐え、わがままに翻弄されながらも今日まで付いてきてくれた高木です。商人塾で講師の先生に『ナンバーツーとして一番大切なことは、社長に必要とされる人間になること』と学んだと、興奮気味に報告してくれたことも忘れられません。真面目に真摯に物事を受け止めるまっすぐな気性の持ち主です。

先日、高木が真面目な顔をして『初めて会った時からこの人の下で一緒に働きたいと思っていました。今もこうしてN社長と働けることが私の幸せです』と言ってくれました。本当に嬉しい言葉でした。今の私があるのは、高木専務とかな子のお陰。この二人が私のベストパートナーです。私の葬式にはこの二人がいてくれればいいとさえ思っています。

自分の人生を振り返ってみると山あり谷あり、それもずいぶんと高低差がある人生です。独立して社長と呼ばれるようになって十年経ちました。私のような金なし、コネなし、学歴なしの人間が今こうして人様の上に立って社長と呼ばれていられるのは、その時々に出会い、支えてくださった大勢の方たちのお陰です。すべて自分でやっているんだと天狗になっていた私の鼻をへし折ってくださったのはその方々です。ありがたいことです。

六年間勤めた派遣会社の社長のこと、私の激しいしごきに耐えてついてきてくれた高木専務、男前の妻かな子、研修会社の社長、こうした人たちとの出会いがあり、葛藤があって今の自分がある。本当にありがたいと感じることができました。私はずいぶん謙虚になりました。周りの人たちへの感謝の気持ちが強くなりました。そうした心に気付くことができたことは私のこれからの人生をもっと素晴らしいものにしてくれるでしょう」

現在会社は五社五人の社長の規模に拡大している。社員を育てて社長にして事業を任せている。N会長は「これから五年で、十社十人の社長を作ります」と言っている。

指導者として成功するための条件十。

諫言してくれる人、支えてくれる人、心から協力してくれる人を持つ。その人に心から感謝する。

多角化経営は九十%失敗する

異業種参入、異分野開拓の多角化経営は冒険と挑戦のスリルがあっておもしろい。しかし大半が失敗に終わっている。

荒田が知っている成功例は一社だけである。

六年前に一部上場を果たしたS社。二十六歳の時T社長が徒手空拳で立ち上げた。昭和四十二年(一九六七)、東京オリンピックが終わり高度成長期のまっただなか。不動産販売業で順調に出発した。

不動産管理業で足元を固め、ビル清掃、シロアリ駆除、ホテル業、オフィスビル、賃貸マンション、居酒屋、カラオケボックスと異業種を手掛けてことごとく成功、平成十六年(二〇〇四)に全く経験実績がない介護老人ホームの経営に乗り出した。この新事業にまた成功し施設数を増やし続け、平成二十六年(二〇一四)東証一部上場、現在社員数四五〇〇名の堂々たる会社になっている。

これはT社長の強運と若い時から人材育成を怠らない人間中心の経営が呼び込んだ「多角経営」成功の稀なケースだと荒田は思う。

失敗例はいやというほど身近に見ている。

M&Aが一般化した現在、本業と異なる会社を簡単に傘下に収めることができる。業績は悪くない、借金もほとんどない、顧客もいる、しかし後継者がいないので会社を買ってほしいという依頼が仲介業者に山ほど寄せられている。

ゆとりのある会社の社長が知れば欲しくなる。中堅機械部品メーカーが和菓子製造会社を六千万円で買い取った。社長は「いい買い物をした」とまわりに自慢した。

作る技術はある、職人もいる。責任者が現場に張り付いていなくても毎日の数字の報告を見ていれば経営はできると考えていた。

会社は飛行機で行く遠くにある。社長は和菓子にかかりきりでいられない。代行する管理者もいない。パソコンの画面で報告を聞き指示を出した。

和菓子屋は十人規模。時間とともに士気が落ち、怠ける者、悪いことをする者が出てきた。ミスが増え、客のクレームが頻発した。

会社は経営する人がいて成り立つ。経営できる人がいないならどんな魅力的物件であっても購入してはならない。この理屈が解っているはずなのに機械部品メーカーの社長、つい欲が出て高い買い物をしてしまった。二年後、一千万円で売りたいと仲介業者に申し出た。

もうひとつ失敗例。

かなりお金のゆとりができた。社長は前から個人で公開株の売買をしていたが、これを会社の金でするようになった。女性社員一人を株担当にした。株担当は一日短波放送を聞いて、めぼしい情報を社長に報告する。社長が売り買いの指示を出す。

本業は学習塾。教室は借り室が多かったが最近は自前のビルにしている。土地を探し建物を建てる。社長は社内に建築不動産部を設けベテラン社員を一人専任にした。専任は土地探し、建設会社との交渉をする。そのうち買った土地を新聞にチラシ広告を入れて売ることもするようになった。

居酒屋を作った。社員二人を選んだ。二人は河童橋で鍋、食器、コップを買いそろえることから始め、食材の仕入れ、肴作りの業務に励んだ。

社長と塾長などの幹部が幹部会議の後で一杯やっていたが、十人いっぺんに座れないことがよくあった。ならば自前で作ってしまえ、一般客も来るから経営は成り立つと考えた。

居酒屋は月二回幹部の飲み会に使われた。社員は一度は来たが勤務地から遠かったので二度来る人は少なかった。道を通る人が入りたくなるような店構えでなかったので、地元の人はめったに来ない。

学習塾の空き部屋、空き時間を活用しようと「主婦のために教養講座」「就職の手引き講座」「ビジネスマンの英会話」「社員の教育研修」などの新商品を続々と作り、DM、新聞やスマホの広告で宣伝したがいずれも生徒は数人しか集まらなかった。

それぞれこうしたセミナーや教育を専門に行っている会社があり、その客を奪うことができなかった。また、講師をみな塾講師と社員で賄ったので、生徒の信頼と尊敬を得られなかった。

がんばって一年半続けたが全て辞めた。

以後も社長の思いつきで学習塾以外の〝事業〟をいろいろしたがことごとく失敗。株担当、建築不動産部も辞めた。県で一位になる勢いがあったこの学習塾は、社長の「多角経営」の失敗で後進に抜かれて現在四位に低迷している。

己を恭《うやうや》しくして正しく本業に勤《いそ》しむ

江戸時代後期の実務型経営コンサルタント・二宮尊徳（一七八七〜一八五六）は地

元の村々の窮乏を救い、小田原藩の財政再建を成し遂げて名を挙げ五十六歳の時、幕府の普請役格として召し抱えられ七十歳で没するまで仕えた。

「二宮翁夜話」の著者福住正兄《ふくずみまさえ》は尊徳五十四歳の時入門、師の身の回りの世話をしながら五年間に渡り直接教えを授かった。

その正兄が箱根の旅館の養子に入ることが決まり、師の元を去る時に師が言った。

「論語に『己を恭しくして正しく南面するのみ』とある。そなたが国へ帰って温泉宿をするならば、これを『己を恭しくして温泉宿をするのみ』と読んで、生涯忘れるでない。こうしたら利益が多かろうとか、ああしたら利益があるだろうなどと、世の流弊に流れて、本業の本理を誤ってはならない」

己を恭しくするとは、自分の身の品行を慎んで、堕落しないことをいう。南面するのみとは天子がほかのことを思わず、ほかのことをしないで国政に一途に心を傾けることであり、同様に農家は農業を、商家は商業を、職人は工業を、〝己を恭しくして正しく行えば〟間違いはない、の意味である。

さらに言う。

「とにかく、人は一心を決定して動かさないのが尊い。富貴安逸を好んで貧賤勤労をいとうのは、凡情の常で、たとえば婿や嫁なら、養家にいる時は夏暑い家にいるような、冬寒い野原にいるような気持になる——このとき天命婿嫁《むこよめ》になるべき身とわきまえ、天命に安んずべきものを悟って、養家がわが家なりと覚悟を決める。そして不動尊像のように心を動かすまい、猛獣に背を焼かれても動くまいと決定して、養家のために心力を尽せ」（『二宮翁夜話』致知出版社刊）。

正兄は師の教えを守り、養子に入った旅館（火災と経営者不在で衰亡していた）を一年間で立て直した。尊徳の分度（身を弁えた暮らしと仕事をする＝石門心学の勤勉と倹約）と推譲（儲けはしまい込まずさらに本業のためにつかう）の報徳思想を実践したのである。

その後も本業の本理を誤ることなく、湯本と小田原の間の道路工事を行い、徒歩でなく人力車や馬車で往来できるようにするなど、観光地箱根の基礎を作る事業を行った。現在の箱根湯本の旅館「萬翠楼」はその子孫が営んでいるそうである。

日本には現在はインドのカースト制度やイギリスの階級制度のような「靴屋の子は靴屋にしかなれない」といった不自由はない。

能力とやる気があればどんな職業につくこともできる。その職業で成功するかしないかは本人の責任だが、自分の意思で仕事を選べる点は幸福である。

自分ができることで何か儲かることはないか、こう考えることは悪いことではない。

起業する人の第一歩はみなこんなものだろう。

ほんの一握りの人が成功の路線に乗ることができる。脇見をせず働いて会社らしい形になってきた。社員が増え、お金が回るようになった。

ここで別れ道にさしかかる。何かもっと儲かる別の分野はないか。よしこれをやってみよう。あるいは本業が思わしくなくなった、将来性のある新しい仕事に転身しよう……。

ここで踏みとどまる。日本的経営の社長は、恭しくして本業に勤しむ。衰退業種ならその商品に固執すれば会社が潰れてしまうので、知識、経験、技術、顧客を生かすことができる関連分野に進出したほうがいい。全くの異分野には手を出さない。行かないと決意する。

指導者として成功するための条件十一。

何か儲かることはないかとかぎまわらない。恭しくして正しく本業に勤しむ。

日本の絵画は世界一級品揃い

痛い目に遭うと予測しながら診察台に座ると正面の横長の絵が飛び込んでくる。幅十センチもある生木の額縁に富士山の絵。雪の部分が赤く下は青。なだらかに裾野が左右に流れ、そのため横長になっている。

小学一年生が描いたようなこの絵を見るたびに「何でこんなのを飾っているんだ」と不愉快になる。何十回も見せられた後、ついに聞いてしまった。

「立派な額縁ですね」

歯科医院の院長先生は、よくぞ聞いてくれたと診察前の長広舌。

若い頃からの友人で才能のあるおもしろい男だった。絵を描きはじめてこれから大成するだろうと思っていたら四十代で病死してしまった。その友人が金に困っていたのでこの絵を買ってあげた。あのまま描き続ければ名のある画家になったろう。確かに杉の木の額縁ばかりが目立つが、そういう因縁のある絵なのでずっと飾っている——。

説明を聞いてからも絵の評価は変わらない。見るたびに患者の見えない所に飾ってほしいと思う。

会社を訪問して応接室で待つ間、壁の絵を眺める。〝いい絵〟だとこの会社はいい会社で社長は立派な人だと思う。美しくないガラクタが飾られていると会社と社長の評価が下がる。一枚の絵が尺度になる。荒田はこの尺度はかなり正確だと今までの経験から自信を持っている。

家にも会社にも絵や書が飾ってある。家は雨露が凌げて食う寝るが満たされれば十分なはずだが、なぜ絵を飾る。家族が同じ絵を見て美に対する感受性を高め、豊かな美しい人生を歩まんがためである。社長は会社に美しい絵を飾る義務がある。自分と社員が美しい仕事をするためにである。

会社が小さいうちは絵や置物を飾るゆとりがない。絵といえばカレンダーの名画くらいか。それでも今は印刷技術が優れているのでカレンダーでも見栄えのいい絵がある。こうしたものを飾っている所はこれから伸びる会社だと思う。社長が美しいものを美しいと感じる感性の持ち主であることがわかるからである。

誰でも美しいものを美しいと感じる感性を持っている。

山などの自然の風景や花を見て美しいと感じる。これともう一つ別の感性がある。絵や音楽に感動する感性である。

芸術家の心を込めた作品に感動する。富士山を見て感動するのと、北斎の富士山、横山大観の富士山、片岡球子の富士山の絵を見て感動するのは別の感性である。音も同じ。鳥のさえずりや虫の音に聞き惚れるのと交響曲を聴いて感動するのは別の感性である。

後者の芸術作品に対する感性が大事。

我々は騙す、奪う、暴利を貪るといった醜い行いを嫌う。こうしたことをする人に背を向ける。反対に正直、与える、助ける行為を美しいと感じ支持する。こうした人のそばにいたいと思う。

美に対する感性を持つ人が経営する会社には美しく生きようとする人が集まる。社員もお客様も取引業者もその社長の言動に賛同する。

確かに高価なものには美しいものが多い。豪邸、高級車、宝石は美しい。しかし美に対する感動は一枚の絵のほうが勝る。

儲けたお金で美術品を買い集める人がいる。不動産と同じように買った時より高く売るのが目的である。

会員制リゾート会社。お金がじゃんじゃん入ってきた。社長が見境なく絵を買い、廊下に何枚も額に入ったまま立てかけてあった。絵の購入価格は億を下らなかった。

未曽有の不景気が来て絵の買い手は皆無。倒産。辞めた社員が一枚ずつ持ち帰ったが、あの絵は今どうしているだろう。

絵は飾って眺め、美を感じて己の心の汚れを消すためにある。何億円で売り買いされようとそのお金に価値はない。絵自体に価値があるのである。

世界のどの国と比べても日本ほど色彩豊かな国はない。雪山、新緑、桜、小さい草花、紅葉と、春夏秋冬、色が変わる。色を表す言葉も多彩である。こうした環境で育つ日本人の美的感覚はけばけばしい原色にしか接することができない他国と比べて格段に微妙繊細であり、それは描く絵に反映されている。

明治以降、西洋に行って洋画を学んで大成した画家は多いが、それ以前にも日本には世界の巨匠と比肩する絵師がぞろぞろいた。現在も〝売れない画家〟も含めて、素晴らしい絵を描く画家は日本には五万といる。

そうした絵を〝発見〟してさりげなく飾っている会社を荒田は無条件で尊敬する。ある会社。玄関、廊下、応接間などいたる所に同じ画家の絵が飾ってある。地元の画家のものだという。営業所や工場なども含めると二十点以上になる。

毎年一点、画家が恐縮する高値で購入している。社長がその画風を気に入っているということもあるが、〝応援〟の意味合いの方が強い。画家が創作活動を続けられるよう援助しているのである。一種の寄付的行為である。

芸術は王侯貴族の庇護で栄えた。ミケランジェロなどルネッサンスの巨匠は銀行家や教皇が保護者となりモーツァルトは宮廷音楽家として禄を食んだ。天才はこうしたパトロンのおかげで創作に集中することができた。

日本でも平安時代の昔から琴棋書画は貴族の嗜みとされ、その道の達人は貴族や大名に厚く遇された。徳川幕府は絵師、楽師、棋士、書道家に武士と同じ石高の禄を与えて〝おかかえ〟にした。

物心両面にゆとりのある人が芸術家を保護育成援助するという風習は現在も続いており、さきの社長のように、商売っ気抜きで援助する人はたくさんいる。

荒田も一度まねをしたことがある。

元社員のグラフィックデザイナーが個展を開いた。見に行って「代表作」を買った。買ってあげたと言ったほうが正しい。貧乏芸術家を助けてあげる気で三十万円出した。

事務所に飾ろうとしたら、社員が「気持ち悪いからやめてくれ」と言う。凸凹の画面に青い絵の具を叩きつけたような抽象画である。倉庫にしまわれていたがいつの間にかなくなった。誰かがゴミとして処分したらしい。

芸術作品は自分がいいと感じたもの、惚れたものでなければ大事にする気になれない。作品は味わうもの、長くそばに置いて堪能するものだとつくづく思った。以来、荒田は人助けのために絵を買うのをやめた。

美に対する感性を磨くために

荒田は理性より感情の子供だった。国語の先生が荒田の詩を秀作として全教室で紹介した。夏休みの宿題の絵は金賞になり、額入りで校長室に飾られた。音楽教師は荒田の作った曲をピアノで弾いて紹介した。

高校の美術の授業で教師から「君は画家になれ」と言われた。

三年になって受験勉強に没頭した。連日夜中まで。休みの日は朝から晩まで机に向かった。半年もこうした試験問題と取り組む日を続けたある日、荒田は自分が持っていた芸術的才能の芽が死んでしまったことに気付いた。絵も音楽も詩も遠い存在になった。「受験勉強は芸術の才能を殺す」と思った。

荒田は画家にはならなかったが、〝美に対する感性〟は身につけている。

ルーブル美術館へ行って本物を見なければ美の感性が磨かれないわけではない。

「モーツァルト」などの芸術評論で有名な小林秀雄が言っている。

「ゴッホの生誕百年祭でアムステルダムに行きまして、その原画を見たのです。ところが感動しないのですね。複製のほうがいいですわ」(『人間の建設』新潮文庫)

ゴッホの複製画を見て感動して「ゴッホ論」を書いた。その後本物を見たが、複製のほうが作品として出来がいいと思ったという。人間の眼はそんなによくできたものではないし、その時の体調などにもよる。贋物と本物の問題で世の中は騒ぐがてんで見当が違うことだと思うと言っている。

印刷や複製の技術が向上していつでもどこでも美しい絵を見ることができる。美に対する感性を磨く手っ取り早い方法は美しい作品に数多く接することである。クラシック音楽なら手当たり次第に名曲を聴く。絵画なら世界や日本の美術全集を繰り返しじっくり眺める。

荒田は小さい頃から雑誌に折り込まれている名画が好きで西洋画だけでなく坂本繁二郎の「馬」や岡田三郎助の美人画に魅せられ、自前の画集を作っていた。また家に誰もいないことが多かったのでラジオのクラシックの名曲チャンネルを合わせていた。ただ聞き流しているだけだったが、いいものをいいと感じられるようになった。

美術館に名画がやってきても並ぶのと混雑するのがイヤで行ったことがない。シンフォニーの演奏も往復の時間がもったいないので滅多に聴きに行ったことがない。荒田の感性は小林秀雄の言うコピーによって培われた。

自分の体験から荒田は「たくさん見る、たくさん聴くことが美に対する感性を養う」と人に勧めている。

美しい風土と美を表現する一級の芸術家が揃っている日本である。人々は美に対する感性を備えている。よって会社も美しく経営されなければならない。

指導者として成功する条件十二。

美に対する感性を磨く。会社に美しい絵を飾り、美しい音楽を流して社員の心を豊かにする。

不自然が高じると人は死ぬ

学校でいじめ殺人やいじめ自殺があると、校長が「命の大切さを教えます」と言う。教師は子供に命の大切さをどのように教えているのだろうか。

命は尊い。なぜ尊いのか。

植物も動物も人間も種族保存の本能がある。枯木に花は咲かない。命がつぎの世代につなぐ。命が子を生み育てる。これは機械や道具にはできない。祖先から親から受けついだものを子孫につなぐ力を有する唯一のものが命である。死とは命を絶つこと。命を絶てばそこで継承は断絶する。

だから命は尊い。だから人を殺してはならない。だから自ら命を絶ってはならない。殺人は犯罪である。尊い人の命を奪うから。同様に自殺も犯罪である。やはり尊い人の命を奪うから。

教師はこのように教えているだろうか。それにしては自殺については、尊い命を絶った本人はあまり責められることなく、その原因となるいじめやパワハラ、過労や長時間労働を〝悪〟として糾弾する傾向が強い。(倒産や借金苦、あるいは失恋で自殺するケースでは債権者や相手を〝原因〟として責めないのはなぜだろう。おそらく社員の自殺に対して「原因は会社にある」という前提がある。また「会社は悪」という世間の空気が働いているのだろう)。

自殺の原因はもちろんいいことではない。だが同じいじめ、同じ過労を経験しても百人のうち九十九人は死なない。人はどういう時に死ぬか。

地震や台風などの自然災害で死ぬ。飛行機や自動車の事故で死ぬ。戦争やテロで死ぬ。病気で死ぬ。飢えて死ぬ。この中に死にたくて死んだ人はいない。

自殺者は死にたくて死んだ人である。ある種の若者にとって死は甘美な〝あこがれ〟であった。死の後に未知の何かが開けるような妄想の故《ゆえ》である。

大学時代の同級生が手首の傷を見せた。「死のうと思った」と少し自慢気な顔をした。しばらくつき合った女性もやはり手首の小さい傷を見せた。二人とも太宰治に心酔する文学青年であった。

死ぬのは怖い。死ぬには勇気がいる。これはウソだ。勇気をふり絞ってバンジージャンプの台から飛ぶ人はいる。勇気をふり絞って崖から身を投げる人はいない。勇気は健全な生命力に宿るものであり、自殺者の心の中で勇気はすでに壊死している。

問題が一つだったらどんなに重くても乗り切れる。問題が三つ一緒に重なると耐えきれなくなる。死ぬ人には複合する原因がある。長時間労働に加えて上司のパワハラ、それに失恋が重なって死ぬのである。

本当に死ぬ人の精神は完全に壊れている。手首から流れ出る血を見て死ぬのをやめた荒田の友人の精神は壊れていない。

植物や動物は、他に食われることはあっても自殺はしない。生き物は自分の命を全うする。

自らの命を途中で絶つのは人間だけである。その原因はいろいろ言われるが、根本的原因は〝不自然〟である。心身に自然に反すること、自然に逆らうことが多くなり耐えきれなくなると人は自ら死ぬ。

自然と不自然のケジメが消えた

「不自然だね」

その行いや考えはよくないという意味である。否定する時にこう言う。

自然であることが正しく大事である。自然でないこと（不自然）は間違っており不自然なことをすれば不幸になる。これがかつての日本人の価値観であった。

自然であるとは逆わずに自然の秩序に従うということ。

たとえば農家は春に種を播き秋に収穫する。秋に田植えをすれば冬の寒さで稲は枯れる。農家は季節の移り変わりに合わせてなすべき仕事を決め、その区切りを忘れないためにお正月、お彼岸（春分の日、秋分の日）、お盆や種々の祭りなどの年中行事を忠実に行った。

自然とは一日一日の時の流れ、日の出日の入り、太陽と月、天気、季節の移り変わり、山川草木、それに地震、津波、火山の噴火、台風、洪水などの災害である。

私たちは自然を敬う。山も海も石ころも野獣も〝神〟と見做す。

日本人の大半が農民であった時代が古代から近代まで続き、そのため自然に順応するのが当然であるという思想が確立し、自然の秩序にさからって生きるという発想は存在しなかった。

動物も人も種族保存のために自然に順応し、自然の恵みを享受しながらも自然の持つ力を恐れて、従ってきた。人は身を守るために衣服をまとい、屋根のある家に住み、火をたいて暖をとり煮炊きをした。こうしてカバやキリンのような丈夫な体を持たない人が自然界で寿命を延ばし子孫に命をつなぐことに成功してきた。

地面を耕して米などの農作物を得ることにより〝食〟の安定を得ることができ、子を育てることができたのだから、自然は神のごとく偉大であり、恐れ敬う対象であった。

自然を敬ったのは農民だけではない。農業の効率を上げるために鍛冶屋、桶屋、荷車作りなど工業に従事する人が出てきた。現在のメーカーのはしりである。また農作物を商う人が出てきた。商人の誕生である。こうした人々も農作物が頼りなので、当然農民同様に自然の秩序に従った。

「不自然は悪」という日本的思想、日本人の価値観が、氷が解けるように解け始め、影を薄くしていったのはいつの頃からだろう。

荒田が生まれ育った昭和二十年、三十年代はまだ不自然は悪の意識が強かった。他を押しのけ蹴落として貪欲に金儲けに走る人は蔑《さげす》まれた。二枚舌を使う人、悪口ばかり言う人、嫉妬心が強く相手を恨む人、自分さえよければのエゴイスト、礼儀や挨拶など社会常識を弁えない人などは社会が認めなかった。

不自然が悪でなくなってきたのは昭和四十年代からの日本の経済成長が深く関わっていると思う。高度成長、経済大国、バブル景気が自然軽視、不自然肯定の価値観を育てあげたのではないだろうか。

以来、「飽くなき欲望」に従って生きる人々が跋扈《ばっこ》した。金持ちになることが人生の目的、金儲けこそ生きがい、人の虚に付け入り騙して商売する。際限なく貪る。財を誇り贅を尽くす人を称賛しまねようとする人々！

一代で一部上場企業にした創業社長が「私は今あせっている。全国のすべての客を早く摘み取ってしまいたいんだ」と言っていた。

欲はエネルギーの元であり社長はこの人並み外れた情熱で営業マンの尻を叩いて会社を大きくしてきた。それでもなお貪り尽くしたい欲に身を焦がしている。

拡大と繁栄しか眼中にない社長は「不自然な人」に分類される。

お金になるからと山の木を切り倒せば、川は汚れ山崩れを起こし、田畑は荒れる。山の緑は五十年戻らない。地球の資源を掘り尽くし使い尽くさなければ目醒めない。〝倹約〟による存続と子孫の幸福を軽視し続け、国全体が不自然の道を突き進んでいる。「不自然だからやめよ」という反省の声はあるが、その声に以前のような迫力はない。それに替わって「差別だ」「人権蹂躙だ」「弱い者いじめはやめよ」「自由を束縛するな」「民意を尊重せよ」「暴力反対」「正義に反する」といった声が連日踊っている。これらが私たちの価値観になって、考え方や行動を規制するようになった。

こうしたさまざまな価値観は間違いではないし、大事でありそれぞれ意義がある。しかしその大部分が自然でないもの、不自然なものである。

不自然は人を病気にする。不自然は会社を弱くする。指導者は不自然を排し自然に戻らねばならない。

指導者として成功する条件十三。

自然を畏れ敬い、自然の秩序に従い、年中行事を忠実に行い、会社の存続をはかる本来の日本的経営に邁進する。

まとめ・指導者として成功するための十三の条件

一、仁に過ぎれば弱くなる。敵はもとより、努力しない人、横を向いている人にやさしくしてはならない。

二、建前に翻弄されない。本来の日本的価値観に基づく言動によって部下に模範を示す。

三、仕事中心を貫き目的を完遂する。上司が勤勉を率先垂範し、部下に勤勉を求め、勤勉の社風を作る。

四、少子高齢化を肯定し、〝チャンス〟に変える。

五、採用面接は結婚のお見合い同様、お互いがお互いをよく知り合う場である。社員は共に戦う同士である。それを見極めるための面接を重視して工夫する。

六、部下育成という任務を放棄してはならない。反感を買うと解っていても言うべきことははっきり言う。

七、節義を重んじ信念を貫く。

八、あなたも厳しい上司に鍛えられ育てられた。あなたも次の代に繋いでいくため、会社存続のために真剣に人材を育てなければならない。

九、いいと思ったことはすぐ行う。拙速主義の「行動的実務型頭脳」の持ち主になる。

十、諫言してくれる人、支えてくれる人、心から協力してくれる人を持つ。その人に心から感謝する。

十一、何か儲かることはないかとかぎまわらない、恭しくして正しく本業に勤しむ。

十二、美に対する感性を磨く。会社に美しい絵を飾り、美しい音楽を流して社員の心を豊かにする。

十三、自然を畏れ敬い、自然の秩序に従い、年中行事を忠実に行い、会社の存続をはかる本来の日本的経営に邁進する。

染谷和巳（そめや・かずみ）

昭和16年（1941）東京生まれ。東京教育大学（現筑波大学）哲学科卒業。

昭和63年、経営者・管理者の人材育成会社（株）アイウィル設立、代表取締役社長、平成28年（2016）よりアイウィル主宰。

著書『上司が鬼とならねば部下は動かず』（プレジデント社）他。

人を育てる行動の指針
指導者として成功するための十三の条件

令和2（2020）年9月15日　第1刷発行
令和3（2021）年6月10日　第2刷発行

著　者　染谷和巳

発行者　斎藤信二

発行所　株式会社 高木書房

〒116-0013
東京都荒川区西日暮里5-14-4-901
電　話　03-5615-2062
FAX　03-5615-2064
メール　syoboutakagi@dolphin.ocn.ne.jp
装　丁　株式会社インタープレイ
印刷・製本　株式会社ワコープラネット

　ISBN978-4-88471-818-3 C0034